多彩な進化と郷土の味を紐解く

日本の漬物のひみつ

―全国各地の漬物の紹介とともに
食品文化としての魅力と知識を徹底解説―

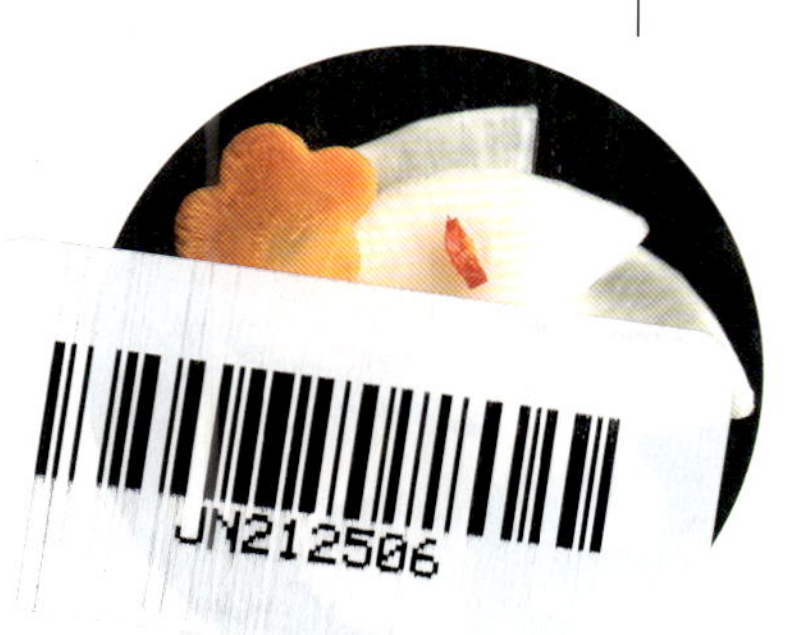

小泉武夫 監修
全日本漬物協同組合連合会 協力

Mates-Publishing

はじめに

2013年、「和食」がユネスコ無形文化遺産に登録されました。
評価された「和食」とは、
ごはんと汁物、おかずという日本で生まれた
「日本人の伝統的な食文化」のこと。
この食事スタイルを突き詰めれば、
「一汁一菜」にたどり着きます。
ごはん、汁物、漬物（菜）がそろえば、和食が成立。
「漬物」は、日本人にとっておかずの基本なのです。

歴史をさかのぼれば、
漬物は縄文時代から作られていたと考えられます。
以来、豊かな自然や地域に根ざした、
季節ごとの漬物が作られてきました。
そんな漬物の魅力を、
その多様性や歴史、科学、栄養的機能性など
さまざまな面から深掘りしました。
ぜひ一緒に、奥深い漬物の世界を味わっていきましょう。

もくじ

第5章　全国漬物紀行

第6章　漬物面白話

第1章

漬物って何？

日本全国で600種類以上もあるといわれる漬物を、漬け床の種類や発酵の有無、保存性などで分類していきます。また、みんなが知っている定番の漬物について、歴史や作り方をご紹介します。

漬物とは？

日本人の英知が詰まったおいしい保存食

昔も今も日本の食卓に欠かせない漬物

野菜が体にいいことは、よく知られています。私たち日本人は、太古の昔から、野菜を「漬物」にして食べてきました。

もともと漬物は、旬に多くとれた野菜を無駄にせず、厳しい冬を越すための保存食にする知恵でした。高めの塩分で塩漬けすれば、有害菌は生きていくことができず、体に有用な菌だけが繁殖します。

そして、塩の作用で水分が抜け

写真は東京築地・吉岡屋（126ページ参照）

たところに、みそやぬかなど漬け床の味が染み込みます。また、酵素の力でアミノ酸などのうま味成分がつくられ、野菜そのものにはなかった、深い味わいや風味が生まれるのです。野菜を容器の下にしっかりと押し付け、野菜をむらなく塩に漬けるための「重石」という技法も編み出してきました。

漬物には発酵しないもの（浅漬けや梅干し、らっきょう漬けなど）と、発酵する漬物（白菜漬けやぬか漬けなど）があります。発酵漬物の場合、乳酸菌やビタミンなど、体にうれしい栄養成分がさらにアップ。**漬物を食べることで、ビタミン類の補給や腸内環境を整える「腸活」がかなうのです。**

漬物は、季節の野菜を手軽においしく食べられる調理法としても重宝されています。まるごと1本買うとお得な旬の大根や白菜。食べきれない分は、調味料で漬けて浅漬けにすれば、数日食べられますし、しんなりして量も食べられます。

野菜不足に備える必要がない現代でも、ごはんに合う野菜のおかずとして、漬物はぴったりの一品なのです。

漬け汁や漬け床で分類する

漬け汁や漬け床により10種類に分類する

漬物は非常に種類が多く、ひと口に語ることはできません。そこで便宜上、まとまりごとに分類することがありますが、その分類の仕方もさまざまあります。

一つ目は、**漬ける液や漬け床によって分類する分け方です。**農林水産省のホームページ、「漬物」のページでは9種類と「その他」の漬物に分類しています。これを元に説明しましょう。

まずは**「塩漬け」**。ここには、梅干しや野沢菜漬け、高菜漬けなどが入ります。そのほか、家庭で手軽に作れる白菜やキャベツ、きゅうりの一夜漬けなども「塩漬け」に分類されます。

「しょうゆ漬け」には福神漬けや鉄砲漬けのほか、きゅうりのしょうゆ漬けやしその実漬けなどが入ります。**「みそ漬け」**は金婚漬けや山ごぼうのみそ漬けが有名で、**「かす漬け」**には奈良漬けやわさび漬けが入ります。

「麹漬け」にはべったら漬けや三《さ》五八《ごはち》漬けが、**「酢漬け」**には、らっきょう漬けやしょうが漬け、千枚漬けが入ります。

そして、**「ぬか漬け」**にはたくあんやきゅうり、にんじんなどのぬか漬けが、**「からし漬け」**には小なす漬けが、**「もろみ漬け」**には小なすのもろみ漬けやきゅうりのもろみ漬けが分類されます。

しその葉とともに塩漬けにすることで鮮やかな赤紫色に漬かるしば漬けや、食材そのものが持つ塩分で漬けるすんき漬けなどは、「その他」として分類されています。

漬物の分類

塩漬け	そのまま食べる場合と、食材の保存方法としての塩蔵の二通りある。 **野沢菜漬け、高菜漬け、広島漬け、梅干し**など
しょうゆ漬け	塩蔵野菜を脱塩、圧搾してしょうゆ系調味料に漬けたもの。 **福神漬け、鉄砲漬け、印籠漬け**など
みそ漬け	塩蔵野菜をみそで漬けたもの。 **みそ漬け(金婚漬け)、日光のたまり漬け**など
かす漬け	塩蔵野菜を脱塩、圧搾して酒かすで漬けたもの。 **奈良漬け、わさび漬け、山海漬け、守口漬け**など
麹漬け	野菜や魚介類を麹、あるいは麹に糖類、みりん、香辛料を加えたもので漬けたもの。 **べったら漬け、三五八《さごはち》漬け**など
酢漬け	酢に漬け込んだもの。発酵は起こらない。 **らっきょう漬け、しょうが漬け、千枚漬け**など
ぬか漬け	米ぬかに漬け込んだもの。 **たくあん漬け、いぶりがっこ、伊勢たくあん、ぬかみそ漬け**など
からし漬け	和がらし、米麹、酒かすなどをあわせたものに漬け込んだもの。 **小なす漬け、きゅうりのからし漬け**など
もろみ漬け	しょうゆの元となるもろみに漬け込んだもの。 **小なすのもろみ漬け、きゅうりのもろみ漬け、鉄砲漬け**など
その他	塩漬けや調味漬けに分類されないもの。 **しば漬け、すんき漬け、すぐき漬け**など

出典:農林水産省HP(https://www.maff.go.jp/j/keikaku/syokubunka/traditional-foods/bunrui/tsukemono.html)を参考に制作

発酵か無発酵かで分類する

微生物の作用の有無で分ける

漬物は、発酵させた「発酵漬物」と発酵させない「無発酵漬物」という二つに分けることもできます。

発酵漬物とは、塩分を含む漬け床に一定期間、野菜などを漬けることにより、微生物や酵母が作用した漬物のこと。独特のうま味や酸味が増すのが特徴です。

発酵漬物の代表は、しっかり漬けた白菜や野沢菜などの塩漬け、たくあんなどのぬか漬け、すんき漬け、高菜漬けなど。発酵により漬け床は乳酸菌や酪酸菌が増殖。有害菌は生きられない環境となるため、保存性が高まります。

一方、**微生物の発酵作用を受けない漬物は「無発酵漬物」に分類されます。**浅漬けや即席漬けなど、発酵が始まる前に食べるものは無発酵漬物です。発酵漬物と比べると保存性は劣りますが、素材のおいしさを生かしたシンプルな味わいを楽しむことができます。

ほかに梅干しやらっきょうの酢漬けも無発酵漬物です。梅干しやらっきょうは即席漬けではありませんが、発酵作用は受けていません。

梅干しの場合、大量の塩を使います。梅干しの塩分濃度だと微生物の繁殖は行われず、また、梅から出てくる多量のクエン酸により、微生物は生育できません。

らっきょうの酢漬けの場合は、漬け味液である酢の抗菌性が高く、大量の酢を使った漬物では発酵は起こりません。乳酸菌や酪酸菌※ではなく、塩やクエン酸、酢などの力で保存性を高めています。

※酪酸菌＝腸に届いた食物繊維を発酵・分解して「酪酸」を作る細菌の総称。

発酵させるか、させないかで分類

	発酵漬物	無発酵漬物
分類される漬物	(しっかり漬けた)白菜漬け、ぬかみそ漬け、たくあん、野沢菜漬け、広島菜漬け、すんき漬けなど 	浅漬け、即席漬け、梅干し、らっきょうの酢漬けなど  
作り方	塩分や水分、米ぬかなどを混ぜた漬け床に野菜を一定期間漬ける。乳酸菌や酵母の作用で発酵が進み、乳酸菌が増殖する。	塩や酢で漬け込む。漬ける時間が短時間では発酵は起こらない。または、大量の塩や酢の使用によって発酵は行われない。
風味	発酵したことにより、酸味や独特のうま味が生じる。	浅漬けは素材のシンプルな味わいも楽しめる。梅干しは塩味が、らっきょう漬けは酸味、甘みが強調されている。
保存性	発酵して乳酸菌が増殖することで酸性環境に。有害菌が繁殖しにくく保存性は高い。	浅漬けの場合、長期間の保存は難しい。梅干しのクエン酸や、酢漬けの酢は殺菌作用が高いため、長期間保存可能。

漬物の分類③

塩分濃度・保存期間で分ける

塩分濃度が高いほど長期間保存できる

漬物がどのくらい日持ちするかは、塩分濃度によって左右されます。**漬けてすぐ食べる一夜漬けの場合、塩分濃度はだいたい2％程度。**素材の味わいも楽しめる漬物となりますが、保存できるのは冷蔵庫に入れたとしても1週間以内。**塩分濃度3～5％の早漬けも、保存期間は1週間程度です。**早めに食べきらないと、味が悪くなったり傷んだりしてしまいます。

塩分濃度が6％であれば約1カ月、7～8％で2カ月、9～14％で3～6カ月保存できます。15％以上であれば、6カ月以上の保存も可能です。

漬物は、冷蔵庫がない時代の食べ物の保存方法でした。塩分を濃くして、常温で長期保存してきた先人の知恵です。高い塩分濃度で、数年間常温保存できるたくあんや梅干しもありました。

減塩が叫ばれる現代では、**漬物も低塩傾向。塩分10％以下のたくあんや梅干しも多く販売**されていて、それらは「要冷蔵」と表記されています。

塩分控えめの漬物が増えているのは健康のためによいことといえるでしょう。それがかなうのは、冷蔵庫が広く普及したからともいえます。

ちなみに塩分が強くて食べにくい漬物を食べるための知恵として、「塩抜き」という方法もあります。塩辛い漬物を塩分1％程度の塩水に漬けると、ゆっくりと漬物の塩が抜け、水っぽくならず辛みが和らぎます。

漬物の塩分濃度と保存期間

漬物の種類	食塩の使用量
一夜漬け（浅漬け）	２％
早漬け	３～５％
保存漬け（１カ月）	６％
保存漬け（２カ月）	７～８％
保存漬け（３～６カ月）	９～14％
長期塩蔵品（６カ月以上）	15％以上

「幻の希少品種『皆平早生《かいだれわせ》』二十年物梅干」。和歌山県で作られている希少品種の梅「皆平早生」を20年寝かせた梅干し。原材料は梅と塩のみ。天然の殺菌力で、腐ることなくおいしく食べられる。
写真提供：熱海　岸浅次郎商店

漬物の定番①

白菜・きゅうりの浅漬け

手軽な家庭漬けとして親しまれてきた

現在のように、一年中さまざまな野菜が出回っているわけではなかった時代、**白菜は冬が旬の貴重な野菜でした。各家庭でこれを漬物にし、副菜として食べていたのです。**白菜の浅漬けは江戸時代の漬物紹介本『四季漬物塩嘉言《しきつけものしおかげん》』にも記載されていて、当時から家庭漬けとして親しまれてきたことが分かります。低温流通技術や保存技術の発達により工場生産もされ

るようになった現在、市販漬物の中でも人気の漬物となっています。「軽く太陽に干してから漬けると甘みが増す」「塩分濃度は４％」というのが白菜の浅漬けの基本とされていましたが、現在は干さずに漬ける直接漬けがほとんど。**塩分濃度は、２％程度の低塩仕込みが主流となっています。**

作り方は、漬物容器の中に塩を振った白菜を入れ、ふたをして重石をのせます。この際、差し水（濃度２％程度の食塩水）を注ぐと、漬かりが早くなります。一晩で食べられるようになり、しばらくはフレッシュな味わいを、数日たつと発酵が起こり、酸味やうま味が増した深い味わいを楽しめます。

きゅうりの浅漬けも、家庭漬けの代表的なものといえるでしょう。市販品も人気で、浅漬けの中でも生産量が多い漬物です。家庭で作る場合は、適当な大きさに切り、**きゅうりの重さに対して２％の塩をもみ込みます。さらに２％の食塩水に一晩漬ければ完成。**お好みで昆布や唐辛子、さんしょうなどを加えるのもおすすめです。

ぬか漬け

白米を食べるようになり ぬか漬けも広まった

ぬか漬けとは、精米する際に出るぬかに、塩や水を加えた漬け床に、野菜などを漬けた漬物です。

ぬか漬けが誕生したのは江戸時代ですが、原型は奈良時代からあったと考えられています。それは「須須保利《すすほり》」。須須保利とは、大豆や粟を臼で挽《ひ》いた粉に塩を加えて漬け床を作り、瓜などの野菜を漬けたものです。江戸時代になると、白米を食べる習慣が庶民の間でも広まり、白米の副産物であるぬかを使ったぬかみそ漬けも、広く定着していきました。

ぬかみそ漬けの誕生は、日本の漬物史における革命でした。というのも、それまでの塩やみそ、かすなどの漬け床は、食材と一緒に食べていました。**ぬかみそ漬けは野菜だけを食べ、漬け床をくり返し使うことができたからです。**

ぬか漬けは発酵漬物です。漬ける野菜には乳酸菌や酵母などの微生物がついていて、ぬか床は微生物のエサの宝庫。ぬか床に野菜を漬けると、乳酸菌が増殖します。また、ぬか床にはビタミンやミネラルが豊富に含まれており、これらの栄養成分が、漬けた野菜に染み込みます。**ぬか漬けにすることで野菜は長持ちし、含有する栄養が増えるのです。**

ぬか漬けといえばきゅうりやなす、大根、にんじんなどがメジャーですが、パプリカやアボカドなど意外な野菜もおいしく漬かります。また、さばやにしんなどの海産物や卵とも相性抜群。機会があれば、ぜひお試しください。

たくあん

干すか塩漬けにするかで食感が変わる

たくあんは、大根を干したり塩漬けにしたりして水分を抜き、ぬかと塩で漬けた漬物です。

「江戸時代に、沢庵和尚《たくあんおしょう》が考案した」「平安時代の慈恵大師《じえだいし》良源《りょうげん》が考案した定心房《じょうしんぼう》が起源」「混じり気のないものを意味する『じゃくあん』が転じた」など、名前の由来にはさまざまな説があります。

誕生の背景にあるのは、ぬかみそ漬けのぬか床。暖かい春から秋

に元気だったぬか床ですが、冬になると寒さで発酵する力も弱くなってしまい、冬に大量にとれる大根を長期間保存するには向きません。そこで、**ぬかと塩を使ったぬか床を発酵させずに、大根を漬けたのがたくあんだったのです。**

たくあんの作り方は、大きく2種類に分けられます。そのうちの一つ**「本干したくあん」は、大根を天日干ししてから、ぬかと塩で漬けたもの。**干すことで水分が抜け、大根のうま味がギュッと凝縮。ポリポリと食感もよくなります。

もう1種類は**「塩押したくあん」。こちらは生の大根を塩漬けにしてから、ぬかと塩で漬けます。**みずみずしい食感が人気で、現在の市販品の主流です。

たくあんの特徴である、鮮やかな黄色は、大根に含まれる辛味成分（4-メチルチオ-3-ブテニル芥子油）によるものです。漬け込む過程でこの成分が分解されると、黄色い色素がつくられるのです。日光に弱く、強い光が当たると色あせる性質があるため、市販品ではウコンやクチナシなどの天然色素を使用して色を補っているものもあります。

漬物の定番④

梅干し

日本人のピンチを救ってきた救荒食品

梅の原産地は中国。奈良時代、薬木《やくぼく》として渡来しました。平安時代に記された**日本最古の医学書『医心方《いしんほう》』にも健康効果が高い「烏梅（うばい／ふすべむめ）」として書かれているほど、日本人にとって大切な食べ物でした。**

それ以降梅干しは、禅僧《ぜんそう》は食事のおかずとして、武士は出陣時の兵糧《ひょうろう》として、一般家庭では塩分がとれる常備品として、重宝してきました。「梅干し」と聞いただけで自然と唾液が分泌。梅干し1個でごはん2杯は食べることができ、長期保存もきくことから、**救荒食品として、常に私たち日本人のかたわらにあったのです。**

現代でも、夏バテしたり疲れたときに食したり、風邪のひきかけにお湯に溶いて飲んだり、さらに防腐の役割を期待して弁当やおに

ぎりに入れるなど、さまざまなシーンで活用しています。まさに、日本人にとってオールマイティの万能薬的存在といえるでしょう。

梅干し作りは、梅の実10キロに対して塩2・3キロを用意し、梅を水に浸してアク抜きをすることから始めます。その後、塩漬けにすると2、3日で梅酢が上がるので、梅酢を別に取り、梅酢の中に赤しそを入れます。塩漬けにした梅は、夏の晴れた日に3日ほど日干ししたあと、赤しそを入れた梅酢に戻します。実が柔らかくなったところで梅酢を取り出し、梅の実だけを貯蔵。半年ほどで食べることができ、熟成するほど塩味や酸味がまろやかになります。

漬物の定番⑤

らっきょうの甘酢漬け

塩漬け→塩抜き→甘酢漬けで、おいしく漬かる

食酢に砂糖を加えて材料を漬け込んだものを「甘酢漬け」といいます。その代表がらっきょう漬けで、そのまま食べるだけでなくカレーライスに添えたり、サラダソースに混ぜたりと重宝する漬物です。

らっきょうは中国が原産で、日本へは平安時代以前に薬用植物として渡来したとされています。江戸時代頃には薬用としてではなく、

食用として栽培されるようになりました。

らっきょう漬けにするのは根の部分で、小粒のものが高級とされています。温暖で水はけのよい土壌が栽培に適していて、福井県の三里浜《さんりばま》砂丘で取れる花らっきょうが有名です。ほかにも鳥取砂丘や徳島県、青森県、栃木県、茨城県などが、名産地として知られています。

作り方は、13〜17%の食塩水で塩漬けにし、食用にするときに塩抜きした後、甘酢に10〜15日間漬けてできあがり。このときの糖量は25%以上。非常に甘いですが、酢やらっきょうのうま味と合わさると、爽やかな甘みとなります。

ちなみに、昔行われていたらっきょう漬けは甘酢漬けではなく、8〜10%の食塩水に漬けて乳酸発酵を行っていました。生のらっきょうは、常温で放置するとどんどん芽が伸びてしまうため、保存法として漬物にしたのです。

らっきょう漬けには、甘酢に漬けない塩らっきょう、しょうゆ漬けらっきょう、ワインらっきょう、はちみつ漬けらっきょうなどもあります。

漬物の定番⑥

高菜漬け

ピリ辛の刺激が美味。料理の具材にも活用される

高菜漬けは野沢菜漬け、広島菜漬けとともに、日本三大菜漬けとして知られています。東北から九州まで日本各地にある菜漬けで、阿蘇高菜漬けが有名です。

高菜は、1メートルを超えるほどの丈に成長することからその名がつきました。平安時代の法令解説書『延《えん》喜《ぎ》式《しき》』に「太加名」の記載があり、古くから食べられてきたことが分かります。福岡県の「かつお菜」や秋田や岩手の「芭《ば》蕉《しょう》菜《な》」など、名前を変え、今に伝わっているものもあります。

また、明治時代に中国四川省から奈良県に種子が持ち込まれた「青菜」が広がり、高菜として定着している品種もあります。

高菜の収穫時期は春。**塩で漬け込み、4カ月ほど乳酸発酵させます**が、その際ウコンの粉を混ぜたウコン塩を使い、程よい黄色に仕上げるのが一般的。この黄色は発酵が進むと、つやつやとしたべっ甲色になり、酸味とうま味、香りが高まります。

ピリリと辛く繊維も比較的硬いため、細かく切って食べられることが多いです。漬物として食べるだけでなく、ラーメンやチャーハンに使うなど、料理の具材としても人気があります。

和歌山県や三重県、奈良県では、**高菜の葉をのりのように使っておにぎりを包む「めはりずし」が有名です。**通常のおにぎりよりサイズが大きく、それを頬張ると目を見張るようになるため、その名がついたといわれています。

高菜の葉を使って
おにぎりを包む「めはりずし」。

福神漬け

七福神にちなんで名づけられた

福神漬けは大根を主体とした漬物で、東京名産品の一つに数えられています。

刻んだ複数の野菜を一緒に漬ける漬け物は、「百味《ひやくみ》漬け」や「家《や》多良《たら》漬け」として、江戸時代から作られていました。

明治時代、上野にあった茶屋の主人、野田清右衛門《のだせいえもん》が、調味液などに工夫を凝らしおいしい野菜漬けを作りました。ふさわしい名前を考えていたところ、当時の流行戯作者、梅亭金鵞《ばいていきんが》師匠がネーミング。七種の野菜が入っていることから**七福神にちなんで名づけたといわれています。**

福神漬けに使われる野菜は、大根、なたまめ、なす、かぶ、瓜、しそ、れんこんの七種です。決まっているわけではなく、生姜やしいたけ、唐辛子などを用いるこ

福神漬けはしょうゆ漬けなので本来の色は茶色。カレーライスに添えて映えるように、赤く着色されているものが多い。

ともあります。これらを塩漬けしてから水洗いし、塩出しをしてから調味液に漬け込みます。調味液はしょうゆとみりん、砂糖、うま味調味料などを合わせたもの。製造業者がそれぞれのノウハウで調合しています。

福神漬けといえば、カレーライスには欠かせない一品。もともとインドのカレーには、マンゴーや野菜などを甘酸っぱく味つけした「チャツネ」が添えられていました。ただしこれは酸味が強く、日本人の口には合いません。そこで、**チャツネに色が似ていることから福神漬けを添えたところ大好評。**以来、カレーライスの相棒として福神漬けが定着したのです。

野沢菜漬け

お寺の和尚さんが長野に種を持ち帰った

野沢菜は長野県野沢温泉村を発祥とする漬物です。野沢菜がこの地で作られるようになったのは、江戸時代の宝暦年間（1751〜1764）のこと。健命寺という寺の晃天園瑞《こうてんえんずい》和尚《おしょう》が京都に修行に行った折、大坂、京都の名産品であった天王寺かぶの種を持ち帰ったのが始まりといわれています。この種が涼しい信州の気候に合わせて変異。**普通のかぶは根を食べますが、野沢菜は根が大きくなる前に茎を食べるのが特徴です。**収穫した野沢菜は、薄塩で漬けます。浅漬けは野沢菜に含まれるクロロフィル（葉緑素）の働きで鮮やかな緑色に、古漬けになるとクロロフィルが分解してフェオフィチンという色素になり、黄色っぽく変わります。

冬は長野県産、春と秋は茨城県や徳島県、三重県産のものを、夏は八ヶ岳の高原で栽培されたものを使うことで、一年中浅漬けが食べられるようになっています。

漬物の定番⑨

しば漬け

しば漬け誕生には平家の悲しい物語が

しば漬けは、すぐき漬けや千枚漬けと並ぶ京都三大漬物の一つ。その発祥は平安時代の末までさかのぼります。

平清盛の娘である徳子は高倉天皇《たかくらてんのう》に入内しますが、平家は滅亡。生き残った徳子は出家して京都大原の寂光院《じゃっこういん》へ。院号を建礼門院《けんれいもんいん》として、ひっそりと暮らしていました。そんな建礼門院を慰《なぐさ》めようと、里人が名産品である赤しそを使った自家製の漬物を献上。これを喜んだ建礼門院が「紫葉漬け《しばづけ》」と名づけたといわれています。ちなみに、寂光院では今でも「赤しそ法要」を実施。毎年7月初旬ごろに今年の赤しそをお供えして、豊作と安全、健康を願っています。

しば漬けに使われるのは、きゅうりやなす、みょうが、しその葉など。細切りにして梅酢を差し水に3～5％の食塩で漬けます。梅酢の作用でしその赤みはいっそう濃く、乳酸発酵が起きることで酸味が強く、味わい深くなります。

奈良漬け

奈良時代から食されてきた べっ甲色のかす漬け

奈良漬けとは、奈良県が本場のかす漬けです。白瓜が主流ですが、守口大根やきゅうり、すいかなどが漬け込まれることもあります。

日本における歴史は古く、奈良時代の出土品「長屋王家木簡《ながやおうけもっかん》」に「加須津毛瓜」の文字があったほど。「ナラツケ」の文字が登場するのは、室町時代の「山科家礼記《やましなけらいき》」以降。当時はどぶろくの下にたまった沈殿物に、塩漬けした野菜を漬けていたと考えられます。**古都・奈良は酒の名産地。酒のかすを利用した、おいしいかす漬けが生まれたのもうなずけます。**

現代の作り方は、まず皮が柔らかい白瓜を塩で下漬けします。塩が強いので、かすで何度か漬け替えて中漬けし、最後に上かす、みりんかす、酒を調合した本漬け用のかすに漬け込み、約50日で完成。本格的なものは3年ものや5年ものなども。べっ甲から黒褐色になった古漬けは、風味が素晴らしいと珍重されています。

漬物の定番⑪

べったら漬け

江戸時代から愛され続ける東京の名産品

べったら漬けは、大根を砂糖と麹で漬けた甘い漬物。江戸時代、今の東京都日本橋の大伝馬町《おおでんまちょう》にある**宝田恵比寿《たからだえびす》神社の例祭の市で、あめと麹で漬けた甘い大根漬けを売り出したのが最初といわれています。**例祭の市では「べとつくぞ、べとつくぞ」といいながら縄で縛ったべったら漬けを売って回っていたため、女性がきれいな着物が汚れては大変とキャーキャー嬌《きょう》声《せい》をあげながら逃げるならわしがありました。そこから「べったら漬け」の名がついたといわれます。あるいは単にベタベタしているからという説も有力です。

作り方は、大根を塩漬けにして柔らかくした後、塩と砂糖、麹とともに漬けます。大根の辛みが少し残る程度の浅漬けもおいしいですが、麹のつぶつぶが漬け液に溶け込むほど十分に日がたつと、熟成が進んで大根が柔らかい肉質に。米麹の甘さと、ほどよい歯切れが抜群の一品となります。

魚の漬物

海洋国・日本には魚の漬物が豊富

食材も漬け方もさまざまな種類が

有史以前、**漬物の始まりは海水漬けであったと考えられます。**となると、**海でとれる魚や貝の海水漬けは、野菜の漬物以前から食べていた可能性が高い**といえるでしょう。有史以降も、四方を海で囲まれて豊富な魚介類が手に入りながら、冷蔵庫や冷凍庫のない時代、魚を干したり、漬物にして保存してきました。また、海のない山岳地方でも魚の保存方法として、海産物の漬物が重宝されました。

魚は塩蔵《えんぞう》することで、腐敗を止めることができます。そして漬けるうちに自身の持つ酵素の働きで生臭さが消え、独特の味や風味が醸造されます。

塩蔵型の魚の漬物には、いかやうにの「塩辛」や、なまこの腸を使った「このわた」、さけの腎臓を使った「めふん」など実にたくさんの種類があります。また、伊豆七島の「くさや」や「魚醤」も、魚を塩漬けして作る、魚の漬物の仲間といえるでしょう。

ほかに、みそや酢、ぬかなどに漬けて発酵させる魚の漬物もあります。京都の「西京漬け」や、サッパというにしんの小魚を酢に漬ける岡山県の名物「ママカリ」など実に多様です。

また、**ふなやさば、ぶりなどを炊いた米や麹と塩で漬けて発酵させる魚の漬物「熟鮓《なれずし》」**は、日本各地にあります。

数の子や野菜と昆布を漬ける「松前漬け」、茎わかめをしば漬けにする「わかめのしば漬け」など、海藻の漬物もあります。

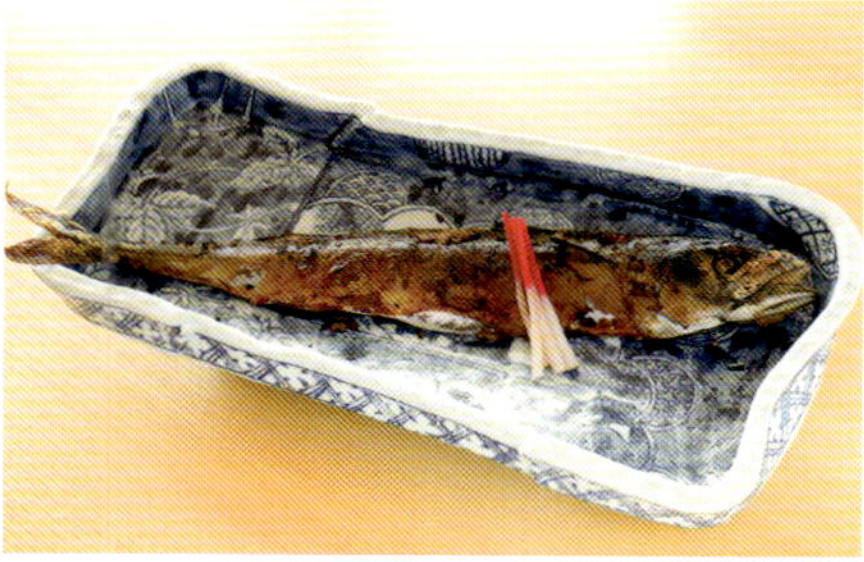

右上から下に、
ふなずし、ハタハタずし、いかの塩辛、
へしこ(ぬか漬け)、くさや。

肉の漬物

世界各国で肉の塩漬けが作られてきた

ブランド肉あるところにみそ漬け肉あり!

肉の漬物になじみが薄い人もいるかもしれません。ところが、**肉の漬物の歴史は非常に古く、今から約2000年前の中国では「肉《にく》醤《しょう》(ロウジアン)」が作られていたと考えられます。**「肉醤」とは、鹿や熊、豚、牛、鴨などを塩漬けにした、肉の塩辛のことです。

イタリアには「パンチェッタ」という豚バラ肉の塩漬けがあります。こちらは豚バラ肉のかたまりに塩をすり込み、1カ月熟成させたもの。ローマ時代から作られてきた肉の保存調理法で、塩分濃度が高いため、加熱調理せずに食べても安全といわれています。

日本でも、江戸時代から肉をみそに漬けて食べてきました。

近年も、**肉のみそ漬けは、肉質が柔らかくなり、焼き上がりがジューシーになると人気です。**滋賀県の近江牛、三重県の松阪牛、山形県の米沢牛など、ブランド牛の産地のほとんどで牛肉のみそ漬けが作られています。豚肉も、鹿児島県の黒豚や沖縄県のアグー豚など、全国各地で名産の豚肉のみそ漬けが人気を集めています。

変わった歴史を持つ豚肉のみそ漬けに、**神奈川県厚木市の郷土料理「とん漬け」があります。**発祥は江戸時代末期、四つ足動物の肉を食べる習慣のなかった時代です。現在の厚木市の周辺で大勢の集まりがあり、その際に料理が不足し、何の肉か分からないようにみそを塗ったいのししの肉を提供したところ、好評だったのがはじまりといわれています。

パンチェッタはイタリア語で「豚バラ肉」のこと。豚バラ肉を塩漬けにして、ゆっくりと熟成させる。

神奈川県厚木市の郷土料理「とん漬け」。文化庁が継承を推進する「100年フード」にも認定されている。 写真提供:厚木市観光協会

世界の漬物

世界各国にもさまざまな漬物があります。その中でも、特に日本で親しまれている4種類をピックアップ。特徴や歴史を紹介します。

韓国

キムチ

作り手が変われば味も変わる

朝鮮半島の発酵漬物。日本では白菜キムチやカクテキが有名ですが、本場のキムチは多種多様。ごはんやおかゆだけでなく、酒の種類ごと、それぞれ合うキムチが肴として出されます。白菜などのメイン食材を、塩や唐辛子、ニンニク、生姜汁、あみ（小えび）、たら、いしもち、えび、いか、昆布、りんご、梨など、何種類もの食材と一緒に漬け込むのが特徴。配合は千差万別で、作り手ごとに唯一無二の味わいとなります。

主な使用食材

白菜、大根

中国

ザーサイ

しっかり搾《しぼ》ることからネーミング

ザーサイは、古い歴史がある中国の漬物の中では新顔の漬物です。1900年頃、四川省の農民の間で作られ始めたといわれています。「搾菜」という名前は、作られ始めた当時、木製の絞り道具で汁を搾って脱水したことが由来だそう。原料はからし菜にできる肥大化した茎。食塩水で下漬けした後、唐辛子やさんしょう、八角、生姜、砂糖、高粱《こうりゃん》酒《しゅ》などを加え、半年以上発酵、熟成させます。

主な使用食材

からし菜の茎

アメリカ
イギリス

ピクルス

酸っぱさはらっきょう漬けの倍！

欧米で食べられている漬物の代表。野菜や果物の酢漬けです。国によって漬けるものは異なり、アメリカではきゅうりが一般的。イギリスはたまねぎやにんじんをよく漬けます。らっきょう漬けで使う酢の量が食材の1％なのに対して、ピクルスは2％以上。チーズや脂質の高い肉料理が多い欧米の食事には、強い酸味がよく合うのです。漬け汁に月桂樹の葉やタイム、カルダモンなど香辛料を使うのが特徴です。

主な使用食材
きゅうり、たまねぎ、にんじんなど

ドイツ

ザワークラウト

塩漬け発酵させた酸っぱいキャベツ

ドイツ生まれの漬物で、せん切りのキャベツを塩漬け発酵させたもの。13世紀には製造会社があったといいます。原料のキャベツに対して2～3％量の塩をまぶし、密な状態にして漬け込みます。発酵するのが嫌気性《けんきせい》※の乳酸菌のため、空気に触れさせないようすき間をなくすのです。ザワークラウトは火を通して食べるのが一般的ですが、ドイツでは便秘解消に生のザワークラウトを食べるのがよいとされています。

主な使用食材
キャベツ

※嫌気性＝生育に酸素を必要としないこと。

発酵仮面 小泉武夫が指南

作ってみよう❶ きゅうりの浅漬け

サラダより簡単な塩漬け！
洗って、切って、振って30分おくだけ

〈材料〉

きゅうり……1本
顆粒だしの素（かつお、昆布など好みで）……小さじ1/2
塩……小さじ1/2

〈作り方〉

1 きゅうりは両端を切り落とし、6～7ミリの斜め切りにする。
2 タッパーにきゅうりを入れて、顆粒だし、塩を加えてふたをする。容器を両手で振って混ざるようにシャカシャカ上下に揺する。
3 そのまま冷蔵庫に入れて、30分たったら完成！

Point

だしを変えたり、塩昆布や赤唐辛子を入れたりと、風味をアレンジするのもおすすめ。

第2章

漬物の調理法と健康効果

野菜が漬物になるには、どんな作用が働いているのか。漬物ができるメカニズムを解説します。また、漬物に含まれる栄養素や、気になる塩分についても触れていきます。漬物のすごさを知ってください！

野菜が漬物になるメカニズム

浸透、酵素、発酵の作用で漬物ができる

きゅうりや白菜などの野菜を放置すれば数日で腐りますが、漬物にすれば長期間、安全においしく食べることができます。しかも、野菜にはなかったうま味や香りも楽しめるようになります。漬物の原理を、ひもといてみましょう。

野菜が漬物に変わるまでには「浸透圧作用」「酵素作用」「発酵作用」という3つが作用します。

まずは「浸透圧作用」。野菜の細胞には細胞液が満ちていますが、その浸透圧に比べ、食塩水の浸透圧のほうがはるかに高いため、**食塩水に野菜を漬けると、細胞液の水分が脱水し、塩分が細胞内に浸透。**パリパリのきゅうりを塩水に漬けるとグンニャリするのが、まさに浸透圧作用で、俗に「塩ごろし」ともいわれます。浸透圧作用が起きると、野菜の細胞は死滅し、呼吸作用などの生活活動は停止するため、野菜に含まれる成分は消耗されず保存されるのです。

また、野菜は食べ物の消化や吸収を助ける酵素を多く含んでいますが、その酵素も残ります。そして自らの酵素で自らの生体成分を分解する**「酵素作用」が起こります。これにより、野菜にあった臭みやえぐみが消え、風味が醸成《じょうせい》されるのです。**

ぬか漬けや発酵キムチなど発酵漬物の場合は、酵母と乳酸菌が働きます。酵母が漬物特有のかぐわしい香りをつくり、乳酸菌が酸味やうま味を生産。この**「発酵作用」によって、風味のよい漬物が、漬け上がっていくのです。**

野菜が漬物になるメカニズム

野菜

発酵作用

ぬか漬けや発酵キムチなどの場合、酵母と乳酸菌などの微生物による発酵が起きる。うま味や香り、酸味が強くなり、おいしい漬物に！

酵素作用

野菜の酵素が、自らの成分を分解。たんぱく質を分解してアミノ酸に変えるなど、うま味が強くなる。野菜の臭みやえぐみも抜ける。

浸透圧作用

食塩水に漬けることによって、野菜の細胞液が脱水し、食塩水の塩分が浸透する。しんなりしてかさが減り、歯切れがよくなる。

漬物

「発酵」と「腐敗」の違い

漬物が腐りにくいわけ

有益菌だけが生きられる環境をつくる

漬物は野菜の保存食として活用されてきました。なぜ漬物にすると野菜が腐りにくいのか。それを知るには、「発酵」と「腐敗」の仕組みについて、知っておく必要があります。

発酵も腐敗も、微生物によって物質が変化することをいいます。漬物やチーズ、ワインなど人間にとって有益なものを作り出してくれる微生物の活動は「発酵」に、病気を引き起こしたり食べ物を腐らせるなど、困った現象を引き起こす場合は「腐敗」に分類されます。つまり、微生物たちが繁殖のために活動している点は同じ。人間の都合で線引きしているのです。

そして、発酵に役立つ菌＝有益菌と、腐敗させてしまう菌＝有害菌は、それぞれ好む環境が違います。漬物は食塩や有機酸で漬けるわけですが、**この多量の食塩や有機酸のある環境に、乳酸菌や酵母などの有益な微生物は耐えることができます。**一方、腐敗菌や病原

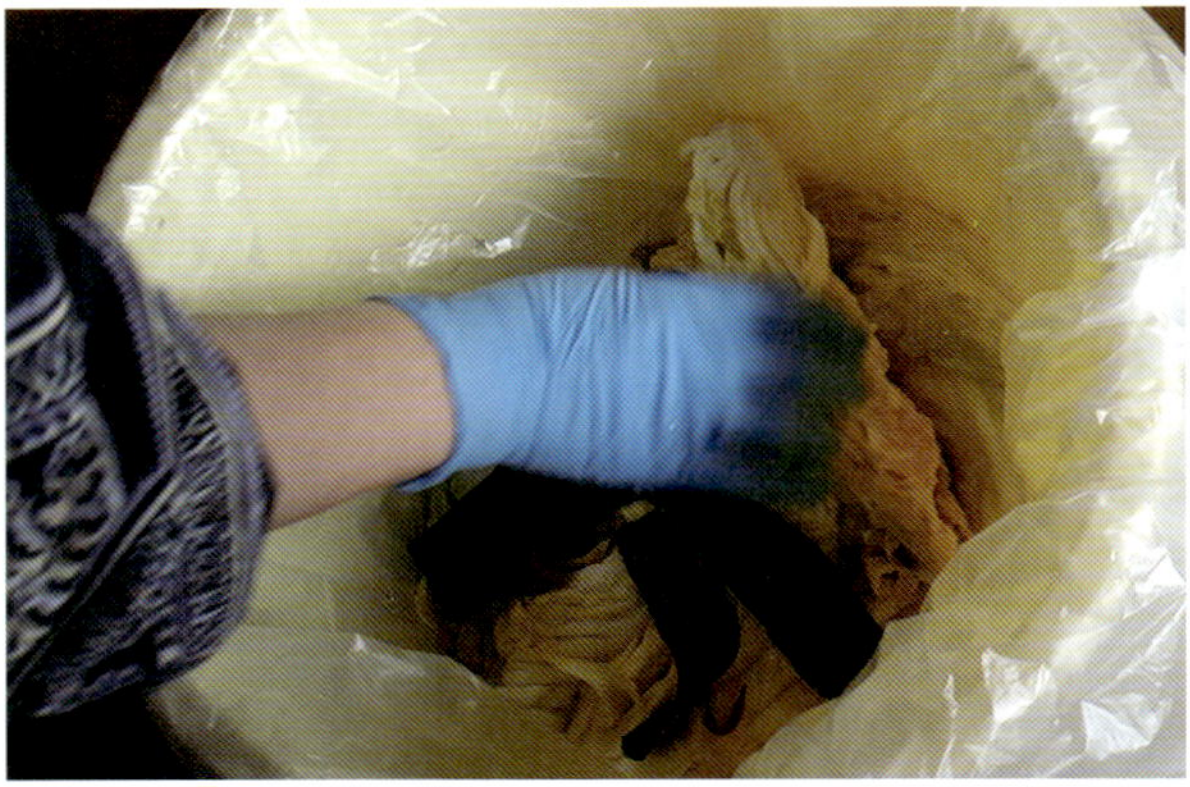

漬物には、塩を使うものが多い。有害菌の多くは、大量の食塩に耐えられないため、漬物は腐りにくくなる。

性細菌などの有害菌は繁殖することができません。

有害菌には耐えられず、**有益菌だけが生き残れる環境をつくってあげることで、漬物が腐りにくくなるわけです。**

また、発酵漬物は、ぬか床や漬け味液の中で野菜が発酵していきますが、この環境下だと空気との接触がほぼありません。空気と接触して生きていく菌の代表であるカビ類は、発酵漬物の育成環境下では繁殖できないのです。発酵中の乳酸菌などの微生物がつくる有機酸（乳酸や酢酸など）は、水素イオン指数（pH）を低下させますが、腐敗菌はそのような環境下では繁殖しにくくなり、保存性が高まります。

ちなみに、浅漬けのような塩分が低い漬物の場合、保存効果はぐっと低減します。腐敗菌が繁殖する前に、早めに食べきる必要があります。

野菜

空気中や、野菜には、さまざまな菌が存在している。野菜をそのまま放置すれば、有害菌が増えてやがて腐ってしまう。

漬物

食塩や有機酸がたっぷりある、空気になかなか触れられない、という環境下では、それに耐えられる乳酸菌などの有益菌だけが繁殖する。

漬物は野菜の優れた調理法

野菜の栄養素を損なわず たっぷりと食べられる

野菜には、ビタミンや食物繊維など、健康に有用な栄養素がたくさん含まれています。野菜の食べ方には「生でそのまま」「煮る、焼くなど加熱する」などの方法がありますが、野菜を生で食べようとすると、かさが多く、マヨネーズやドレッシングをかけたとしても、そうそうは食べられません。また、硬かったりえぐみが強かったりして、生では食べられない野菜も数多くあります。

では加熱はどうでしょう。かさが減って量を食べられるようになりますが、ビタミン類など野菜に含まれる栄養素が破壊されるというデメリットがあります。また、えぐみは消えますが、野菜特有の風味も落ちてしまいます。

加熱調理は手間がかかる点も、毎日のこととなると敬遠したくなるでしょう。

その点漬物であれば、加熱いらずで手軽に調理可能。1～2日漬けておけば、**あくやえぐみは抜けて、うま味が強く、歯ごたえがよくなります。さらにビタミンを損なうことなく、乳酸菌や食物繊維など、体にうれしい栄養素が生野菜以上に増えるのです。**

かつて、漬物は野菜を保存するテクニックでした。栽培技術や輸送方法の発達によって、一年中さまざまな野菜が食べられるようになった現代、漬物は保存食としてだけでなく、手軽に野菜をとれる調理法としてぴったりです。ぜひ毎日の献立に漬物を取り入れ、野菜をたくさん食べましょう。

野菜の調理法別比較

	生で食べる	加熱して食べる	漬物にして食べる
栄養成分	損失は少ない	損失する	損失は少ない（栄養分によっては損失する）
食べやすさ	食べにくい	食べやすい	食べやすい
野菜のあくやえぐみ	多い	少ない	少ない
野菜の風味	残る	残りにくい	残る（種類によっては残りにくい）

生だと100g
漬物なら同じかさで200g

同じかさで漬物は生野菜の約2倍食べられる

生のキャベツ100gと、1.5%の塩漬けキャベツ200gはほぼ同じかさ（量）。漬物なら野菜を無理なく、たっぷり食べられる。

「漬物は高血圧の原因」は大間違い

漬物による塩分摂取量は全体のわずか4％

手軽に野菜を食べられる漬物ですが、塩分のとりすぎを心配する人が多くいます。確かに塩分の過剰摂取は高血圧を引き起こし、生活習慣病のリスクを高めます。ただし、塩分過剰摂取の原因は、本当に漬物なのでしょうか。

実はそうではないことが、調査から分かりました。「食品群別栄養素等摂取量」という調査で、どの食品から塩分をとっているのか調べたところ、**1人1日当たりの塩分摂取量10・1gのうち、漬物は0・4g。全体量のわずか4％だったのです。**ちなみにその調査で最も多く塩分をとっている食品は「調味料」で、全体の64％を占めていました。

漬物は塩分が高いからと、生野菜にマヨネーズやドレッシングをかけて食べることで、かえって塩分をたくさんとっている可能性もあるわけです。

また、食品別の塩分量を比べてみると、**塩漬けきゅうり5切れと、**

食品群別食塩摂取量（1人1日当たり）

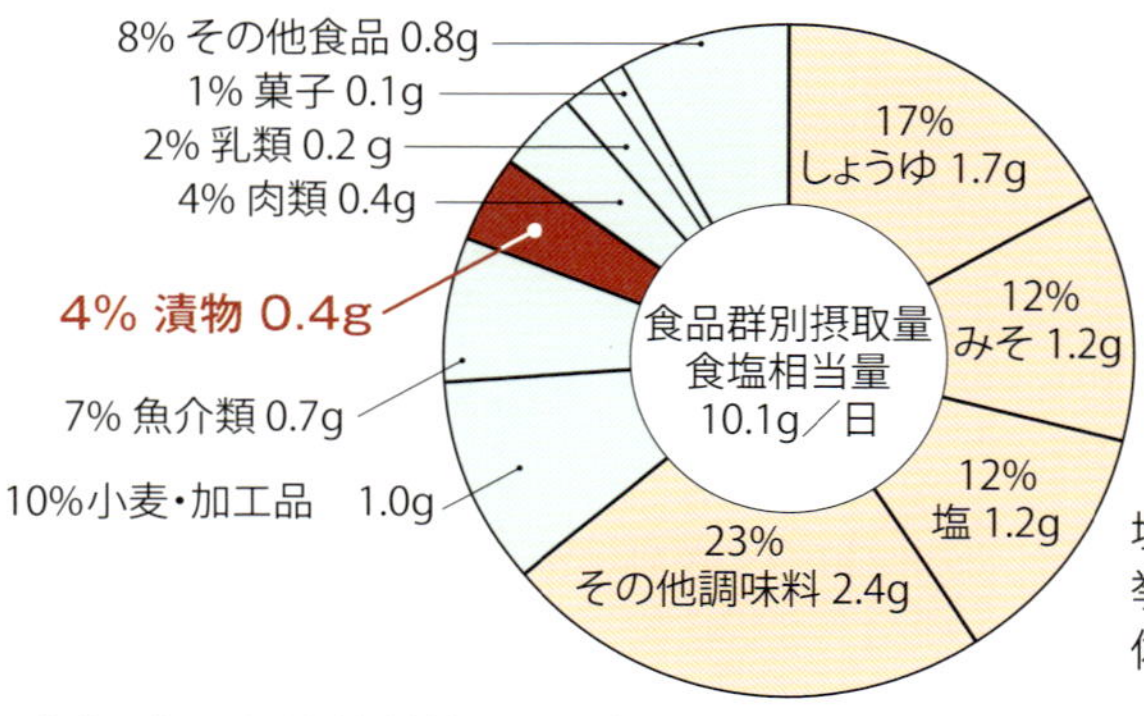
8% その他食品 0.8g
1% 菓子 0.1g
2% 乳類 0.2 g
4% 肉類 0.4g
4% 漬物 0.4g
7% 魚介類 0.7g
10%小麦・加工品　1.0g
17% しょうゆ 1.7g
12% みそ 1.2g
12% 塩 1.2g
23% その他調味料 2.4g
食品群別摂取量
食塩相当量
10.1g／日

塩分摂取過多のやり玉に挙げられる漬物だが、全体のわずか4%にすぎない。

出典：食品群別栄養素等摂取量－食品群・栄養素別摂取量
20歳以上（2019年国民健康・栄養調査）から作成

６枚切り食パン１枚の塩分量はほぼ同じになります。さまざまな食品に塩分が使われており、**漬物を避ければ塩分摂取量を減らせるわけではないといえます。**

とはいえ、健康のためには塩分の過剰摂取を改善するのは大切なこと。漬物メーカーは、おいしさと保存性を維持しながら、食塩濃度を下げるための試行錯誤を続けています。市販の漬物の塩分量は減少傾向にあり、60年代と比べ、食塩濃度が半分以下になっている商品もあります。

主な食品中の塩分量

主な食品	食塩相当量
しょうゆラーメン（1人前）	6.0g
かけうどん（1人前）	5.7g
さんまみりん干し（1枚）	2.5g
ウスターソース（大さじ1）	1.1g
和風ノンオイルドレッシング（大さじ1）	1.1g
食パン（6枚切り１枚）	0.7g
梅干し（中１個）	**1.8g**
たくあん（5切れ）	**1.0g**
きゅうり塩漬け（5切れ）	**0.8g**
野沢菜漬け（30g）	**0.7g**

塩分はさまざまな食品に含まれている。漬物を食べなければ、塩分摂取量が激減するとはいえない。

出典：日本食品標準成分表2020年版（八訂）による

きゅうりのキューちゃん（刻みしょうゆ漬け）塩分量の推移

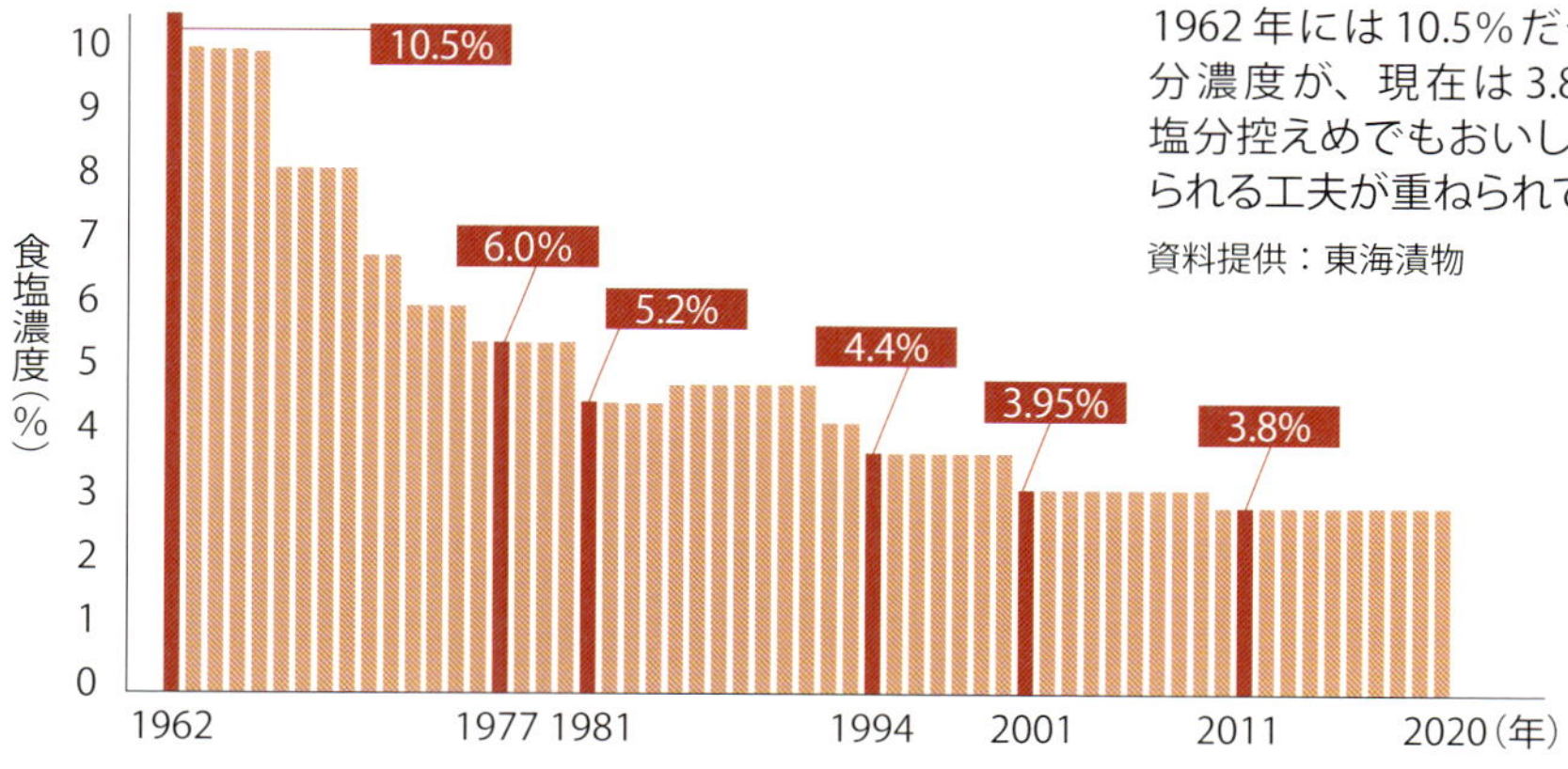

1962年には10.5%だった塩分濃度が、現在は3.8%に。塩分控えめでもおいしく食べられる工夫が重ねられている。

資料提供：東海漬物

漬物の「ナトカリ」バランスは優れている

塩分を排出するカリウムも含有

漬物はある程度の塩分を含んでいます。ただし、減塩を考えるときに大切なもう一つの栄養素「カリウム」が多い点にも注目です。

カリウムは、大根やきゅうり、にんじんなどの野菜に多く含まれているミネラルです。カリウムと減塩にどんな関係があるかというと、**カリウムには、体内の余分なナトリウム（塩分）を尿として排出する作用があり、血圧を下げる働きがあるのです。**世界保健機構（ＷＨＯ）のガイドラインでも、高血圧や心血管疾患などのリスクを下げるため、カリウムを摂取することが推奨されています。

「ナトリウムの数」÷「カリウムの数」で出した数値を「ナトカリ比」といい、これが低いほど減塩に効果的な食べ物といえます。例えば、米みそのナトカリ比が約21・9なのに対して、かぶのぬか漬けのナトカリ比は６・16。**カリウム豊富な漬物は、血圧を下げる作用も持ち合わせているのです。**

ナトリウム・カリウムと血圧の関係

ナトリウムには血圧を上げる働きがある。高血圧予防のために減塩が叫ばれている。一方カリウムには、血圧を下げる働きが。日本人はナトリウムをとりすぎていて、カリウムが不足しがち。

ナトリウム・カリウムによる血圧変化のメカニズム

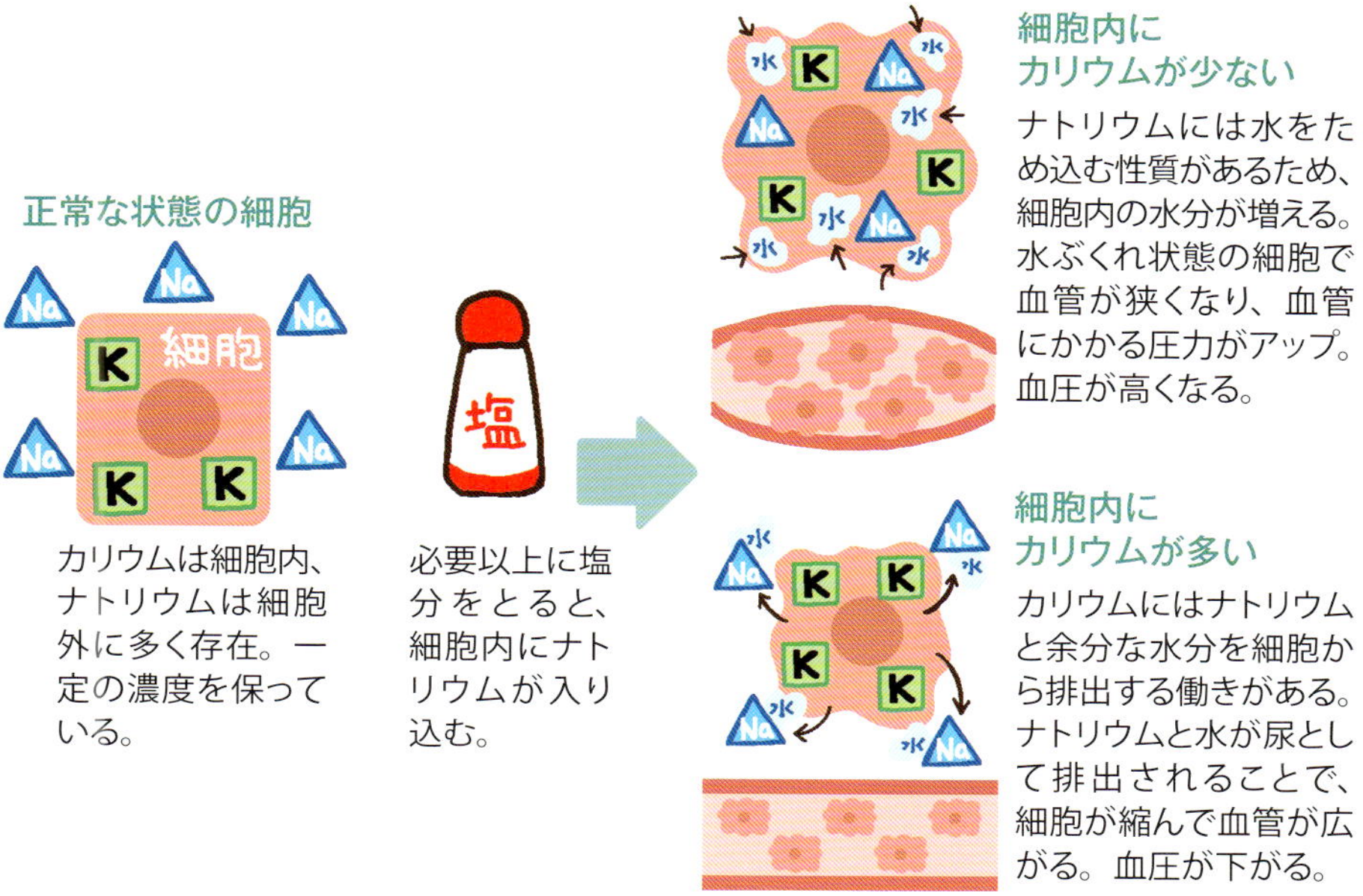
正常な状態の細胞
細胞
K
Na
塩
細胞内に
カリウムが少ない
水
細胞内に
カリウムが多い
カリウムは細胞内、ナトリウムは細胞外に多く存在。一定の濃度を保っている。
必要以上に塩分をとると、細胞内にナトリウムが入り込む。
ナトリウムには水をため込む性質があるため、細胞内の水分が増える。水ぶくれ状態の細胞で血管が狭くなり、血管にかかる圧力がアップ。血圧が高くなる。
カリウムにはナトリウムと余分な水分を細胞から排出する働きがある。ナトリウムと水が尿として排出されることで、細胞が縮んで血管が広がる。血圧が下がる。

野菜および漬物のカリウム含有量

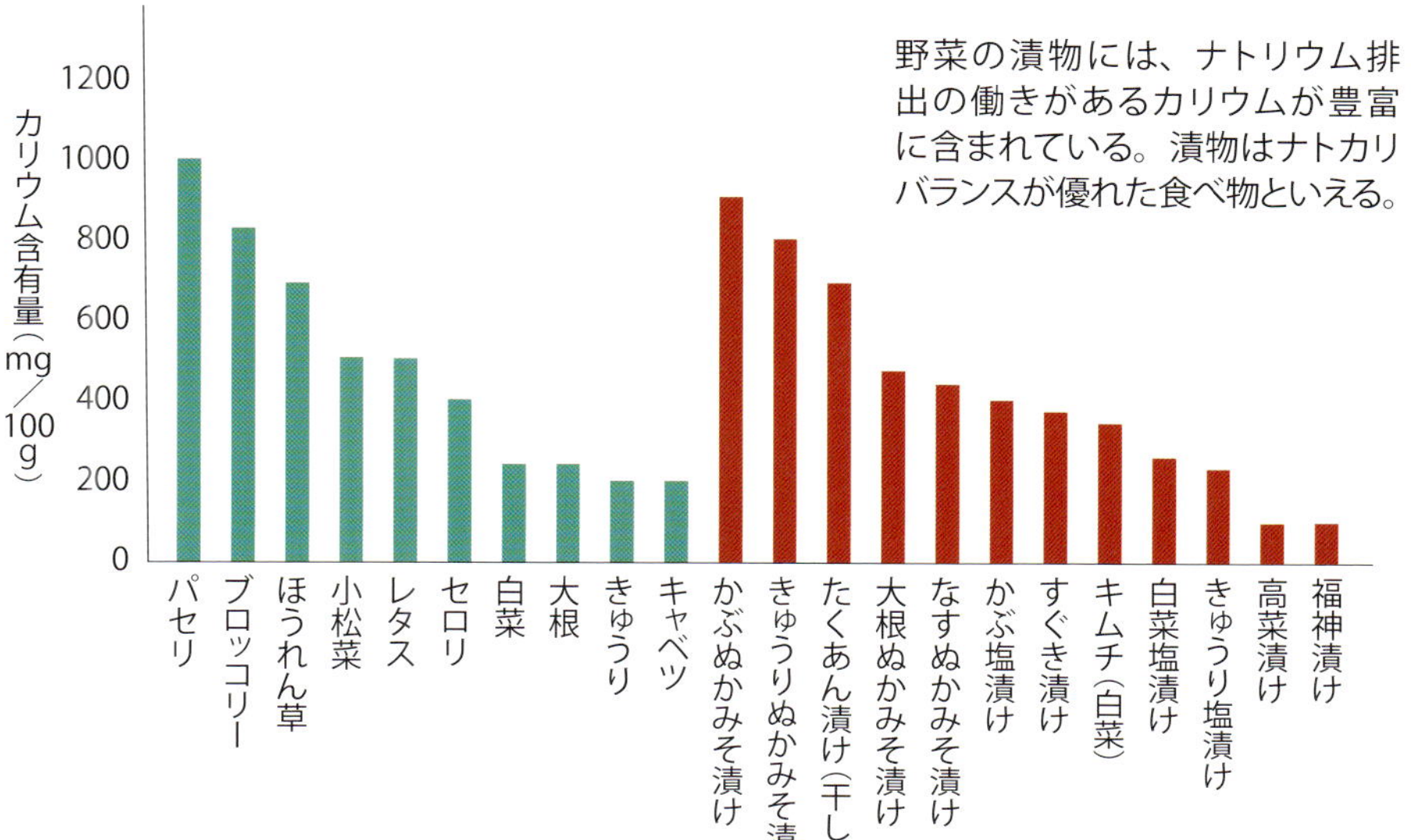
カリウム含有量（mg／100g）
1200
1000
800
600
400
200
0
野菜の漬物には、ナトリウム排出の働きがあるカリウムが豊富に含まれている。漬物はナトカリバランスが優れた食べ物といえる。
パセリ
ブロッコリー
ほうれん草
小松菜
レタス
セロリ
白菜
大根
きゅうり
キャベツ
かぶぬかみそ漬け
きゅうりぬかみそ漬け
たくあん漬け（干し）
大根ぬかみそ漬け
なすぬかみそ漬け
かぶ塩漬け
すぐき漬け
キムチ（白菜）
白菜塩漬け
きゅうり塩漬け
高菜漬け
福神漬け

出典：「日本食品標準成分表2020年版（八訂）」による

ビタミン類やミネラルが豊富

ビタミンA、B_1、Cが多く含まれている

漬物は加熱せず、野菜のかさを減らして食べられる調理法です。そのため生で野菜を食べるよりも多くのビタミン類を摂取することができ、「ビタミンの宝庫」と呼ばれています。特に多いのはビタミンA、B_1、C。健康にも美容にも、大いに役立つ栄養素です。

また、漬物はミネラルも豊富。特に骨粗しょう症を防ぐのに必須のカルシウムは、ほとんどの漬物に高い含有量で含まれています。ほかにカリウムやマグネシウム、鉄、亜鉛などのミネラルを、効率よくとることができます。

さらに、抗酸化作用が高く、老化を防いでくれるポリフェノールや、ストレスを和らげ睡眠の質を高めてくれるGABA、疲労回復や血行促進に働いてくれるクエン酸といった、体にうれしい機能性成分を含有しているのも、漬物の特徴です。手軽に効率よく食事の栄養バランスを上げられる、理想の副菜といえるでしょう。

野菜とぬかみそ漬けのビタミンB_1含有量比較

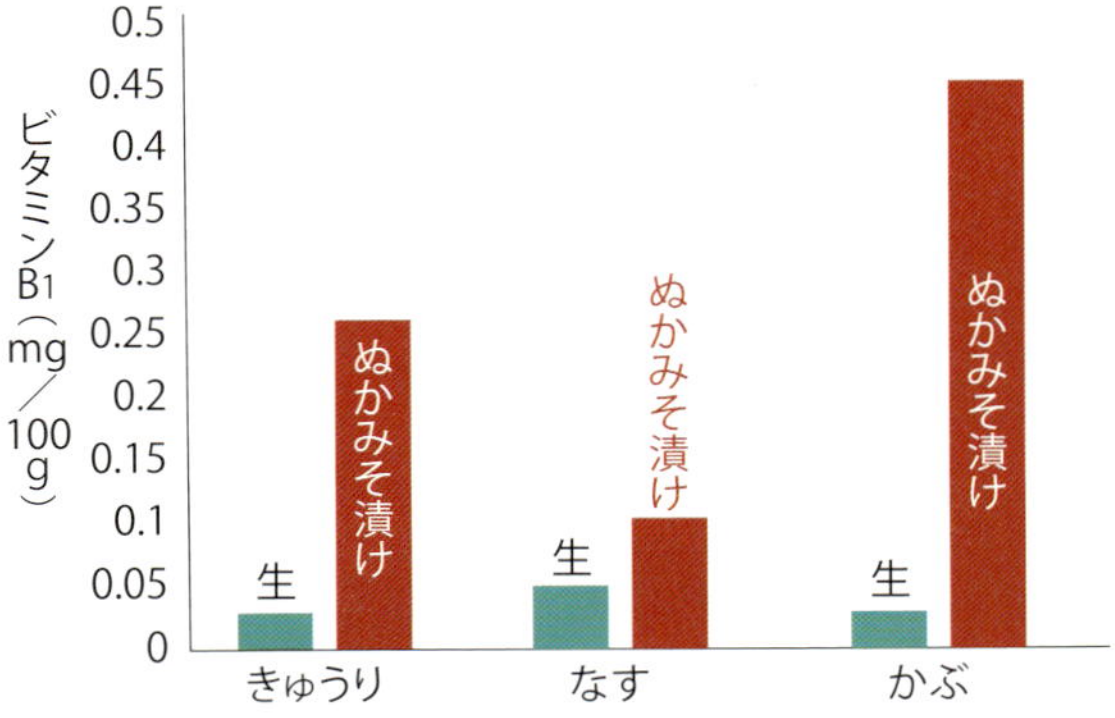

漬物にすれば、野菜のかさが減り、ビタミン類もたっぷりとれる。ぬかみそ漬けの場合、ぬかみそにビタミンB_1が豊富に含まれているため、さらに栄養価が高くなる。

出典：「日本食品標準成分表2020年版（八訂）」による

漬物の健康力

発酵微生物

乳酸菌
酵母
コウジカビ
など

ビタミン類

ビタミンA
ビタミンB1
ビタミンC
ビタミンU(キャベジン)
など

ミネラル

ナトリウム
カリウム
カルシウム
など

機能性成分

ポリフェノール
GABA
アリシン
クエン酸
など

食物繊維

水溶性食物繊維
不溶性食物繊維

生活習慣病の予防に役立つ食物繊維

食物繊維は第六の栄養素

漬物に含まれる有益な栄養素のうち、最も含有量が多いのが、食物繊維です。食物繊維は、植物性の食品に含まれる消化されにくい成分のこと。腸の中で水を吸収してかさが増え、お通じがよくなることで知られています。胃腸でふくらみますから、満腹感を感じやすいのも特徴。また、腸内にすむ善玉菌のエサになり、腸内環境を整える手助けもしてくれます。さらに、食後の血糖値の上昇を緩やかにしてくれる働きもあります。**食物繊維を多くとると高血糖になりにくく、糖尿病や高血圧の予防に役立つのです。**健康に有用な働きがたくさんあることから、五大栄養素に次ぐ**「第六の栄養素」**ともいわれています。

漬物は漬け込む際に脱水するので、野菜の栄養分は濃縮。食物繊維に関しては、生と比べ、3〜4倍の量をとることができます。積極的に漬物を食べて、食物繊維不足を解消しましょう。

生野菜と漬物の食物繊維含有量比較

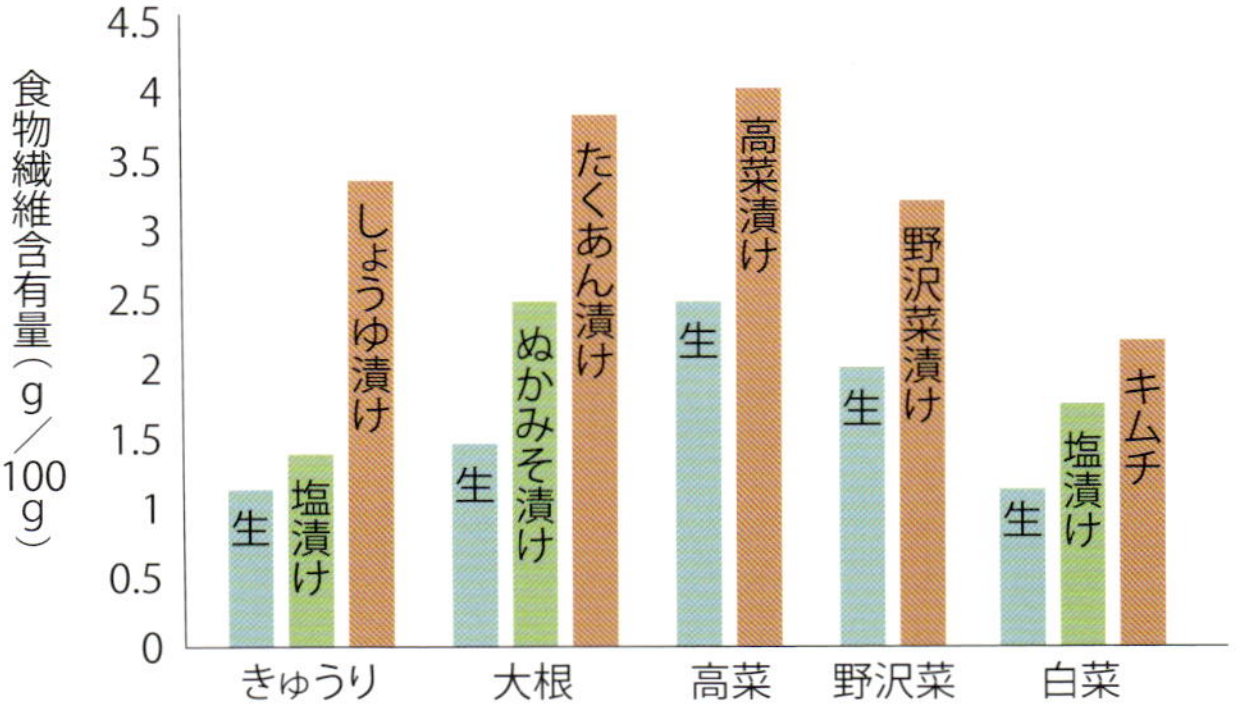
食物繊維含有量（g／100g）
4.5
4
3.5
3
2.5
2
1.5
1
0.5
0
生
塩漬け
しょうゆ漬け
生
ぬかみそ漬け
たくあん漬け
生
高菜漬け
生
野沢菜漬け
生
塩漬け
キムチ
きゅうり
大根
高菜
野沢菜
白菜

漬物を作る際、浸透圧作用で野菜から脱水し、成分が濃縮。食物繊維の含有量も、生野菜よりも多くなる。

出典：「日本食品標準成分表2020年版（八訂）」による

漬物に含まれる栄養素③

腸内環境を整える植物由来乳酸菌

発酵した漬物は乳酸菌が豊富！

白菜の塩漬けやキムチなど、しっかり発酵させた漬物であれば、乳酸菌も豊富です。

腸内には100兆個もの腸内細菌がいて、体にいい影響を与えてくれる「善玉菌」、悪い影響を与える「悪玉菌」、そのどちらでもない「日和《ひより》見菌《みきん》」に分かれます。乳酸菌は善玉菌の代表格。発酵した漬物を食べれば、善玉菌である乳酸菌を増やすことができます。

乳酸菌は、ヨーグルトやチーズなど動物性原料が発酵してできる動物由来乳酸菌と**漬物やみそ、しょうゆなど植物性原料が発酵してできる植物由来乳酸菌**に分かれます。植物由来乳酸菌は、動物由来乳酸菌よりも栄養分が少ない環境に多く存在していて、塩や酸に対する抵抗性が高いという特徴があります。そのため、強酸環境である胃をくぐり抜けることができるのです。**漬物の乳酸菌は、生きて腸まで届きやすく、腸に定着しやすいといえます。**

植物由来乳酸菌と動物由来乳酸菌の特性

項目	植物由来乳酸菌	動物由来乳酸菌
発酵食品	漬物、みそ、しょうゆなど	ヨーグルト、チーズ、乳酸菌飲料など
発酵原料	野菜、穀類、豆類など	牛乳など
塩分抵抗性	強い	弱い
酸抵抗性	強い	弱い
育成温度	低温でも可能	低温に弱い
腸内生残率	高い	低い

漬物に含まれる植物由来乳酸菌は、厳しい環境に対する耐性が高い。その分、生きたまま腸に届きやすい。

発酵仮面 小泉武夫が指南

作ってみよう❷ ぬか漬け

発酵によって生まれる香りとうま味が食欲をそそる、体がよろこぶ！

〈材料〉

きゅうり、にんじん、なすなど……お好みで
ぬか床……適量

【ぬか床】

炒りぬか……1kg
水……1リットル
塩……100g
昆布（5cm四方）……1枚
赤唐辛子……1本
捨て漬けの野菜くず（キャベツの外葉や大根の葉、にんじんの皮など）……適量
生姜……お好みで
にんにく……お好みで

〈作り方〉

【ぬか床を作る】

1 鍋に水と塩を入れて火にかけ、よく混ぜて溶かす。そのまま冷ます。
2 保存容器に炒りぬかを入れ、1を加えながら耳たぶくらいの硬さになるまで混ぜる。
3 ぬかの中に、昆布と赤唐辛子を埋める。好みで、生姜やにんにくの薄切りを加えてもおいしい。
4 ぬか床に野菜くずを入れ、1日たったら野菜を取り出す「捨て漬け」を3回行う。保存は常温で。

【本漬け】

5 「捨て漬け」が完了したら、きゅうり、にんじん、なすなど、好みの材料を漬け込む。きゅうりなら、春や秋は8時間以内、夏は4時間以内で取り出すと、サラダのような新鮮漬物に仕上がる。

Point

野菜の出し入れのときには、必ずぬか床をよくかき混ぜてから、表面をきれいにならす。かびの原因になるので、容器の内側はきれいにふく。

第3章

漬物の歴史

漬物は、文字が誕生する有史以前から作られていたと考えられています。現代のように、さまざまな種類の漬物が漬けられ、全国に流通するまで、どんな歴史をたどって発展してきたのか、見てみましょう。

有史以前から海水漬けを食べていた!?

漬物のはじまりを示す出土品は発見されていない

いつ頃から日本で漬物が食べられるようになったのか。漬物のはじまりをひもとく資料は、残念ながら残っていません。また、その手がかりになるような出土品も存在しません。漬ける材料となる草や葉、根、魚などは、土に埋まってしまえば数年で土にかえりますから、残らなくて当然です。

日本における漬物のはじまりについては、「照葉樹林文化《しょうようじゅりんぶんか》（稲作や穀類の栽培などを特徴とする、照葉樹林地帯に共通する文化）とともに、大陸から伝わってきた」という説があります。果たしてそうでしょうか。

塩と食材があるなら、漬物を作ったと考えるのが自然

日本は四方を海で囲まれています。そして、貝塚から分かるように、私たちの祖先は海の近くで暮らしていました。その側では、魚

塩を魚や雑穀、木の実につけるとおいしいし、食材が長持ちすると、日本人の祖先も気づいたはず。

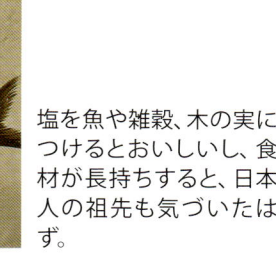

貝塚からは、動物の骨や石器、土器も一緒に発見されることが多い。文字を使い出す前から、漬物を食べていた可能性が高い。

は当然のこと、植物の葉や茎、つまり野菜も採れたはずです。狩りで獣を捕ることもあったでしょう。

その魚や肉、野菜を放置すれば、すぐにイヤなにおいを放ち、それを食べれば体調を崩すことは、知っていたに違いありません。

その一方で、干した魚は、干からびても腐らないことや、それを食べても何ともないばかりか、うま味が増したことにも気づいたはずです。**魚を干すと長期間食べられると気づけば、魚を海水に浸してから干して保存食を作ったと考えられます。**

また、海水から塩を作ることを発見した後、できあがった塩を肉や魚、穀類や木の実につけて食べたでしょう。**食べ物と塩を一緒に器に入れておくこともしたでしょう。**そうしておけば、長期間保存することができ、しかもおいしい、そんな発見をしたはずです。**それはまさに漬物です。**

ちなみに、熊本県の寒干《かんぼ》したくあんなど、かつては大根などの食材を、海水に漬けてから干していた歴史を持つ漬物が日本各地にあります。

漬物のルーツは海水漬けであり、自然発生的に誕生したと考えるほうが、大陸から渡ってきたと考えるよりも自然ではないでしょうか。いずれにしても、漬物は、有史以前から身近な食材として食べられてきたと考えられます。

漬け床も漬ける食材もバリエーションが豊富に！

漬物は古代から健康食として重宝されていた!?

日本において、有史以前から漬物は身近な食べ物だったと想像できます。そして奈良時代になると、中国からさまざまな食文化が、日本に伝わってきます。海水や塩で漬けていた漬物も、調味料の種類が増え、バリエーションが広がっていくのです。

そのことが文字で残されている**最も古い記録が、「長屋《ながや》王家《おうけ》木簡《もっかん》」**。

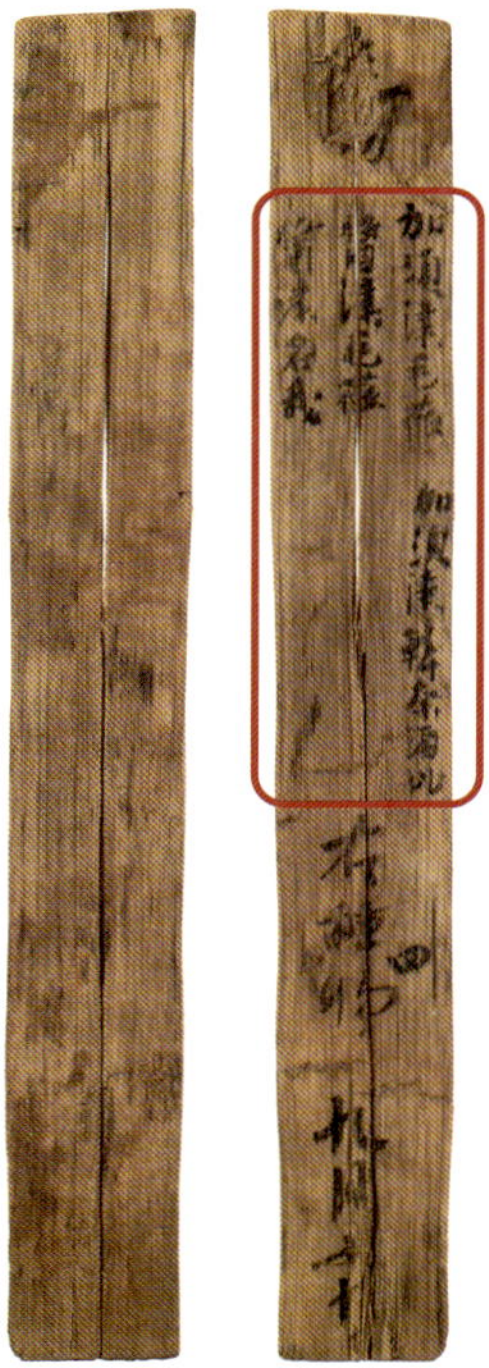

長屋王家木簡。「加須津毛瓜」「醤津毛瓜」「醤津名我」「加須津韓奈須比」の文字が記されている。
出典：木簡庫

これは奈良時代の天平年間（729～749）のもので、長屋王という貴族の屋敷の跡地から見つかりました。食料支給切符として使われていたと考えられています。

この木簡には**「加須津毛瓜」「醤津毛瓜」「醤津名我」「加須津韓奈須比」**の文字があります。それぞれ、「かす漬けのとうがん」「醤漬けのとうがん」「醤漬けのみょうが」「かす漬けのかんなすび」と考えられます。ちなみに醤《ひしお》とは、現代のしょうゆのもろみのようなもの。奈良時代には、冬瓜や茗荷などさまざまな野菜を、味の違う漬け床に漬けていたのです。

さらに時代が進み平安時代になると漬け床も漬ける食材のバリエーションも広がっていきます。そのことが分かるのが『延喜式《えんぎしき》』です。『延喜式』は、当時の法律の制度や年中行事などのことが書かれた法令解説書で、延喜5年（905）から延長5年（927）にかけて編纂《へんさん》されたもの。この中に宮内省が1年間に使った漬物の材料や分量が記されており、**「醤《ひしお》漬《づけ》」「未《み》醤《しょう》漬《づけ》」「糟漬《かすづけ》」「酢《す》糟漬《かすづけ》」「須須保利《すずほり》」「葅《にらぎ》」など、さまざまな種類の漬物が登場します。**「須須保利」とは、大豆や蒸した米に塩を加えたものを漬け床として、青菜やかぶを漬けた漬物のこと。そして「葅」は塩漬けする際にハルニレの樹皮を刻んで粉にしたものを加えたもの。漬け込まれた食材は、かぶや冬瓜、芹など実にさまざまです。ハルニレの樹皮には利尿や痰切りなどの効果があり、薬として利用されてきました。当時すでに、健康食として漬物を作り、食べていたと考えられます。

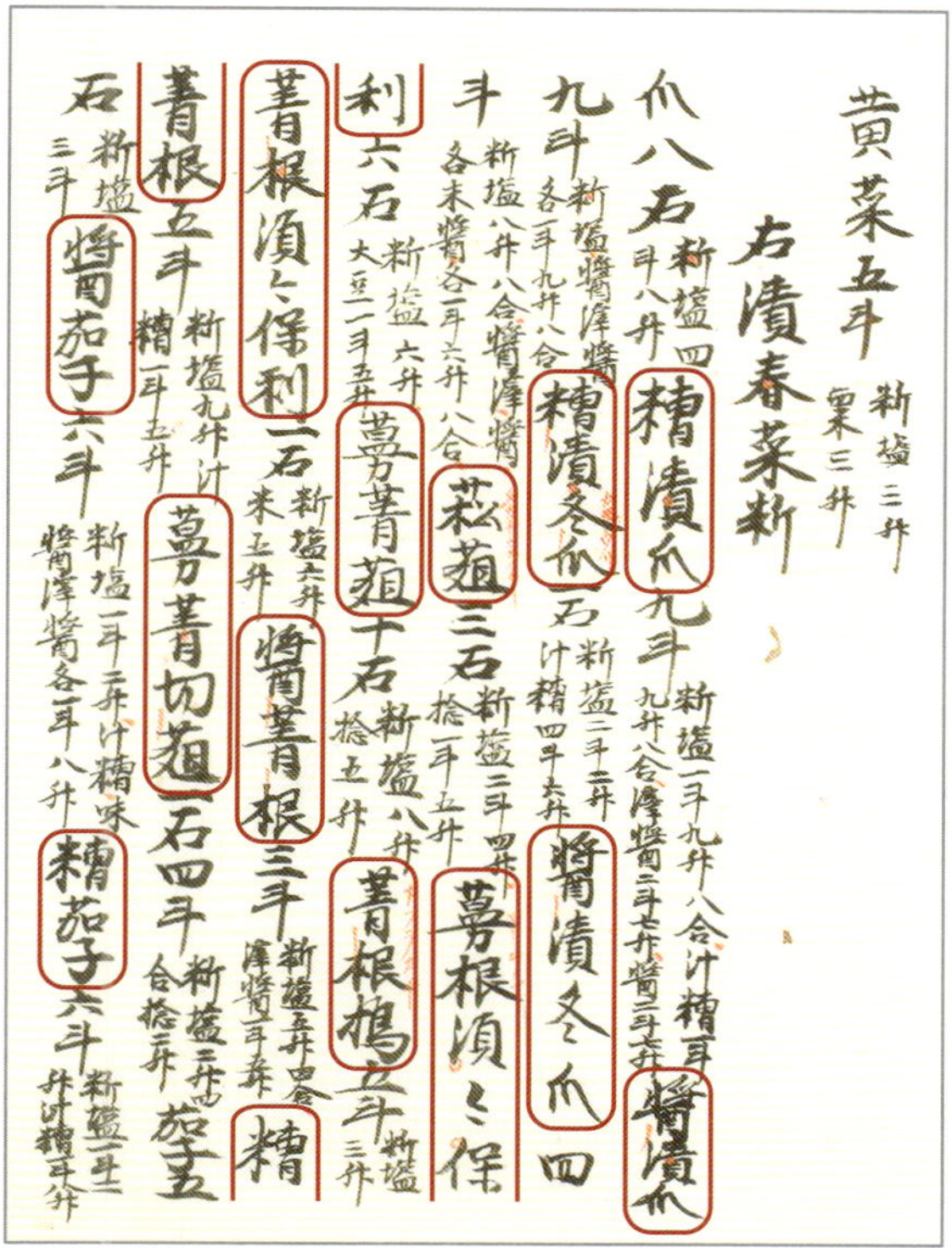

『延喜式』の中で漬物について記された箇所。「糟漬瓜」「醤漬冬瓜」「菘葅」「菁根須須保利」など、漬け床も漬ける食材も、実にバリエーション豊富。

出典：国立歴史民俗博物館

「香《こう》の物《もの》」「梅干し」が登場。日本人の食生活に定着していく

足利義政が「香の物」の生みの親!?

鎌倉~室町は、武士が台頭し、活躍し始めた時代。この時代は平安時代よりもさらに、漬ける食材のバリエーションが広がっていきます。**特筆すべきは、「香の物」と「梅干し」の登場でしょう。**

現代でも漬物のことを「香の物」や「お新香」と呼びますが、漬物を「香」と呼び始めたのは、足利八代将軍義政の時代。このころ、東山文化が栄えました。禅宗の影響を受け、簡素で洗練されたものがよしとされ、茶道や華道、香道※などが流行したのです。

茶道でお茶の前に軽く食べる食事として取り入れられた懐石料理のごはんのお供として、漬物が添えられました。そして香道では、香合わせの席で鼻のリフレッシュのために、漬物が使われました。

茶道や香道に使われたのは、みそ漬けの瓜や大根。香りの高い漬物が「香の物」と呼ばれるようになったといわれています。

一方の梅干し。平安時代までは梅の実を食べる習慣はなく、漢方薬として使われていました。梅干しが文献に登場するのは鎌倉時代以降です。

塩漬けにした梅干しを食べるだけでなく、漬けたときにできる梅酢も、調味料として重宝されました。この「塩梅《えんばい》」がやがて「あんばい」と読まれるようになり、味加減を表現する言葉になったほど、以降の私たち日本人の食生活には

※香道＝香木をたき、その香りを鑑賞する芸道。

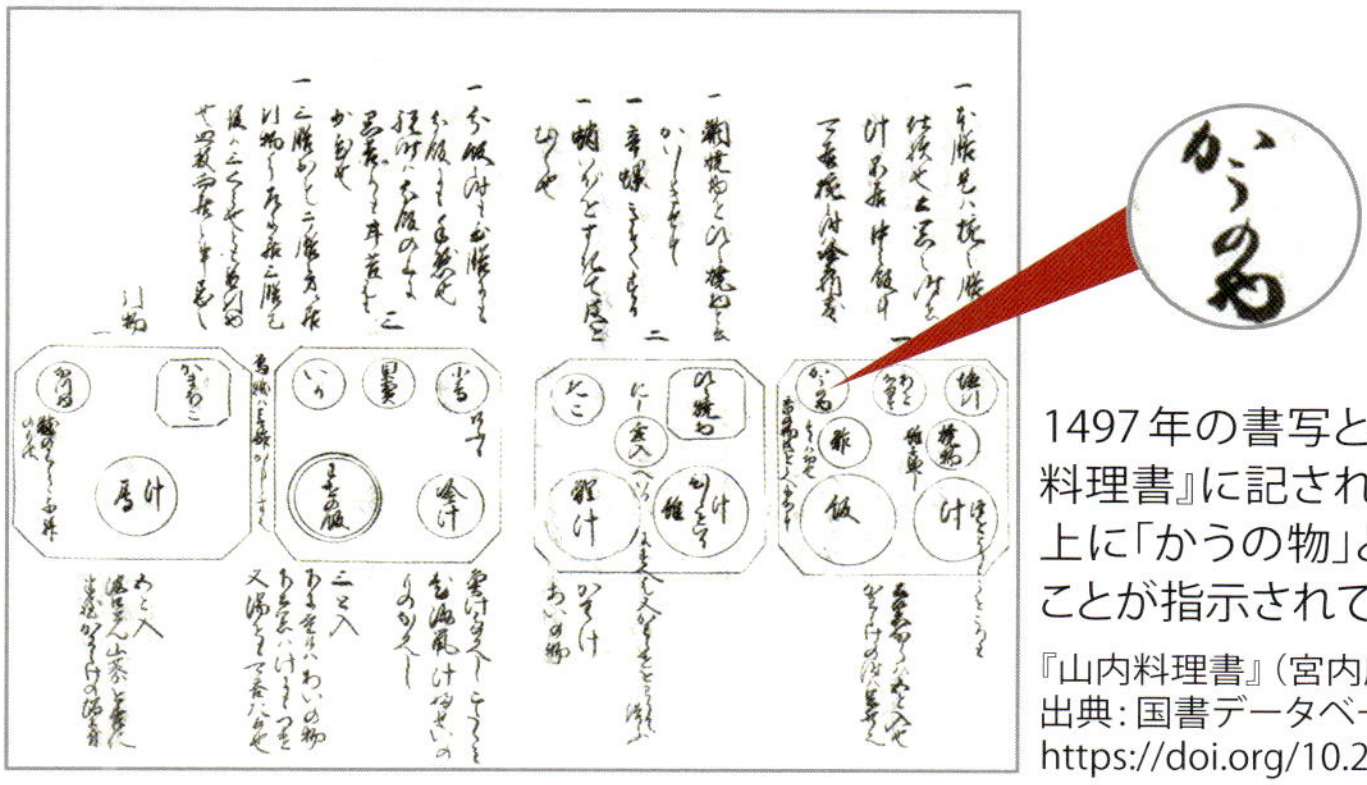

1497年の書写と考えられている『山内料理書』に記された本膳の図。膳の左上に「かうの物」とあり、漬物を添えることが指示されている。

『山内料理書』（宮内庁書陵部所蔵）
出典：国書データベース,
https://doi.org/10.20730/100045024

欠かせない一品となっていくのです。

また、武士が戦に出るとき、梅干しを食中毒の予防や貧血の気付け薬として使ったそうです。水戸偕楽園や紀州などは、城主が梅の栽培を推奨した名残で、現在も梅の名産地となっています。

コラム

「香の物」を祀《まつ》っている神社

尾張の阿波手《あわで》の杜《もり》（現在の愛知県あま市上萱津）にある萱津《かやつ》神社は漬物の神社。そのいわれは、ここに大きなかめが埋まっていて、行き来する商人が瓜やなす、塩などをかめに投じる習慣があり、このかめでできた漬物を熱田神宮に供えたというのがはじまりだそう。萱津神社では、現在でも毎年8月21日には漬け込み神事を行う「香《こう》の物祭《ものまつり》」が行われています（詳細は112ページ）。

写真提供：萱津神社

「ぬかみそ漬け」が広まる。地方色豊かな漬物も登場して漬物文化が花開く

ぬかみそ漬けが脚気《かっけ》の予防・改善にひと役買った

江戸時代に入ると、江戸や上方の大都市に、大勢の武士や商人が集まります。戦がなくなって世の中は平和になり、食生活も豊かになっていきました。それにともない、漬物も漬け床や漬ける食材に、さらなる工夫が凝らされるようになっていきます。現代につながる漬物文化が花開いたのです。

その一つで、**漬物の革新ともいえるのが、ぬかみそ漬けの登場です。**作られ始めたのは、元禄年間（1688~1704）。**ぬか床を再利用しながら、漬けた野菜だけを食べるのが特徴です。**漬け床ごと食していたそれまでの漬物と比べて手軽に漬けられることから、一般家庭に一気に広まりました。

ぬかみそ漬けは、江戸時代の人々の健康づくりにも大きく貢献しました。それまで日本人の多くは玄米を主食として食べていましたが、食生活が贅沢になると白米を食べるようになりました。

ところが精白によって取り除かれるぬかに含まれていたビタミンB_1が不足することに。江戸では「江戸患い」、上方では「浮腫病《ふしゅびょう》」といわれた脚気が流行したのです。脚気の原因がビタミンB_1不足であると判明したのは近代になってからですが、**ぬかみそ漬けを食べることが、ビタミンB_1不足の解消に役立っていたと考えられます。**

その一方、信州の野沢菜や愛知の守口大根、鹿児島の桜島大根な

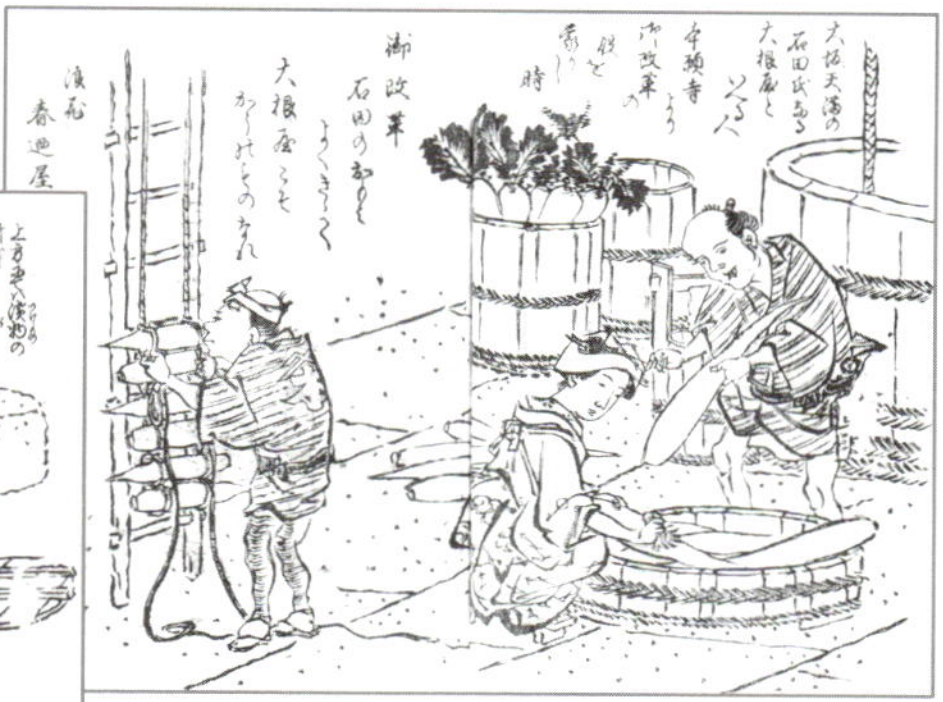
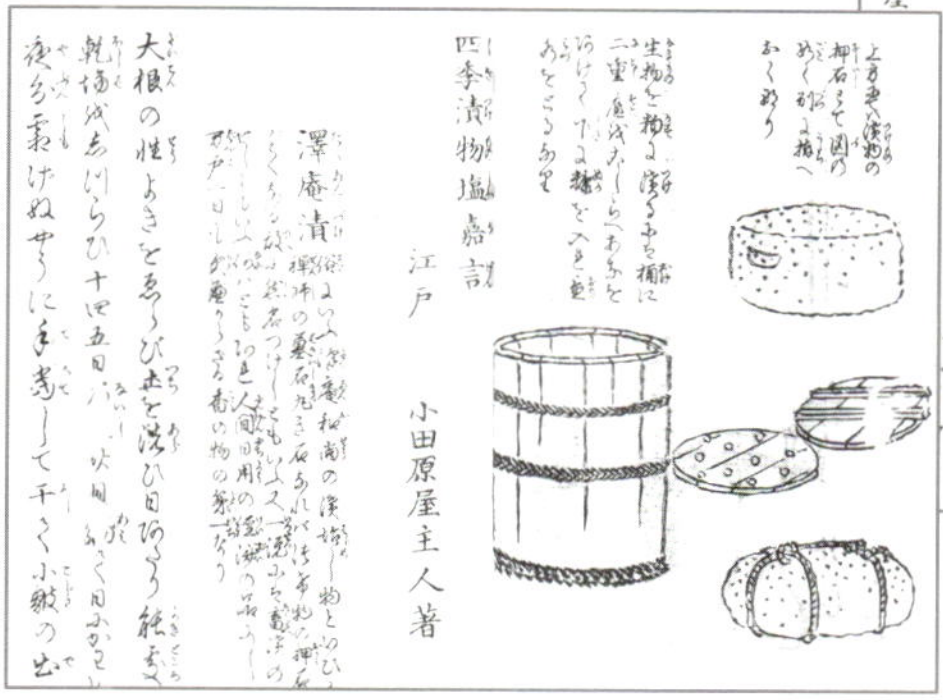

江戸時代の漬物屋「小田原屋」の主人が書いたといわれる『四季漬物塩嘉言（しきつけものしおかげん）』（1836年）。沢庵漬、三年沢庵、百一漬、刻漬、大坂切漬、浅漬、大坂浅漬、菜漬、京糸菜漬、糠味噌漬、奈良漬瓜、生姜味噌漬、日光漬、梅干漬、千枚漬、印籠漬、渦巻漬など64種類もの漬物の作り方が詳しく記されている。

出典：四季漬物塩嘉言　人文学オープンデータ共同利用センター『日本古典籍データセット』（国文研等所蔵）

どが、漬物用の野菜として育てられ始めます。

また、小田原の「しそ巻き梅干し」や、駿府の「わさび漬け」など、その地方ならではの漬物も誕生。名産品として愛されるようになっていくのです。

コラム

徳川家康は「奈良漬け」のファンだった!?

大阪夏の陣における徳川家康の陣に、奈良・中筋町の漢方医であった糸屋《いとや》宋仙《そうせん》が奈良漬けを献上。家康はこれを大層気に入り、戦いが終わって江戸へ戻った後、宋仙を江戸へ召喚。医者をやめさせて、漬物屋に転身させ、幕府御用商人にしたという逸話が残っています。

漬物屋の歴史

はじまりは平安時代!? 江戸時代から今に続く漬物市も！

漬物は平安時代から市で売り買いされていた

日本で最初の漬物屋がいつ、どこで誕生したのかは定かではありません。室町時代には「香《こう》の物屋《ものや》」として、京都や大坂で店を構えていたようです。現代に続く漬物店の中には、江戸時代に創業の老舗も数多くあり、伝統の味を伝えてくれています。

店舗を持たず、路上で漬物を売っていたとなると、さらに時代をさかのぼります。というのも、南北朝時代から室町時代に編纂《へんさん》されたとされる『庭訓往来《ていきんおうらい》』（著者は南北朝時代の僧・玄恵《げんえ》といわれるが定かではない）に諸国の名産品が記されていて、その中には漬物が登場するからです。**南北朝時代以前から、漬物は市場で、盛んに取り引きされてきたのでしょう。**

平安時代に書かれた『延喜式《えんぎしき》』にも、京の市で醤《ひしお》やみそなどの調味物が売り買いされたという記述があり、それらで漬けた漬物も、

江戸時代に『四季漬物塩嘉言』を書いたといわれるのが、小田原にあった漬物屋『小田原屋』の主人。その店で修行をし、福島県郡山市で漬物屋を開いた「小田原屋」は、現代もべったら漬けや福神漬けの製造、販売を続けている。

写真提供：小田原屋漬物店

売られていただろうと想像できるのです。

江戸時代中期になると、江戸大《おお》伝馬町《でんまちょう》で漬物市が開かれるようになります。もともとは宝田恵比寿《たからだえびす》神社のえびす講のための道具などを売り買いする市でしたが、ここで売られる「べったら漬け」が評判に。「べったら市」として定着しました。

いまでも10月19日、20日の2日間にわたって、日比谷線の小伝馬町一帯に、べったら漬けの露店はもちろん、約400の露店がびっしり並びます。自宅や地方の知り合いに送れるよう、宅配便の臨時カウンターが設置されるほど人気を博しています。

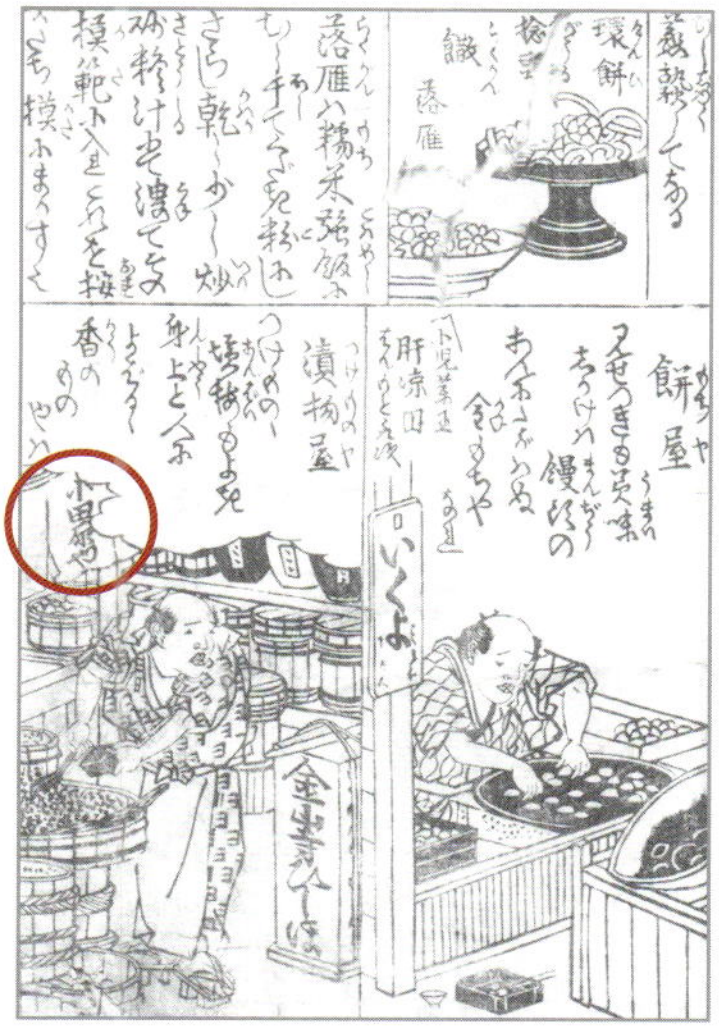

江戸時代後期の1827年、十返舎一九作、歌川広重画で出版された『宝船桂帆柱(たからぶねかつらのほばしら)』。さまざまな職人や職業が紹介されている中に、漬物屋「小田原や」が掲載されている。

出典:人文学オープンデータ共同利用センター_『日本古典籍データセット』(国文研等所蔵)

写真提供:国立国会図書館デジタルコレクション

『江戸府内絵本風俗往来』に描かれた、江戸時代のべったら市の様子(左)。右は現代のべったら市。

「家庭で漬けるもの」から「店で買うもの」へ変化しながら、副菜として重宝され続ける

漬物を取り巻く食糧事情や流通スタイルが変化

明治維新以降、日本は鎖国を終え諸外国と広く付き合うようになりますが、和食中心の食生活は変わりませんでした。江戸時代に花開いた漬物の多様性は定着。一般家庭の食卓においても、季節ごとに漬ける梅干しやたくあん、白菜漬けなどが、副菜の一つとして重宝されました。

また、**江戸時代の終わりから明治時代にかけて、大都市近郊には漬物作りを副業とする農家が現れます。**市民の需要に応えて、たくあんや奈良漬けを販売したのです。これが大正、昭和と時代が進むにつれ、**漬物製造業へと規模を拡大していきます。**

明治以降、日清・日露戦争、そして第二次世界大戦の最中、漬物は貴重な軍需物資として戦地へ船で送られました。

そして終戦を迎えると、日本は食糧難の時代を迎えます。米不足

漬物は「家で作るもの」だった時代、母から娘へと代々、ぬか床を受け継ぐ家庭も珍しくなかった。

から小麦を輸入するようになり、パン食、麺食の食習慣が一般化。一般家庭の食事は和食中心から、和・洋・中折衷の食事へと変わっていきます。

また、3世代同居から核家族や共働きなど、家族のスタイルにも変化が起き、一年分の漬物を季節ごとに漬ける家庭は減っていきました。

流通のスタイルも変わります。対面で直接商品をやり取りする店が減り、必要なものをセルフで選び取るスーパーマーケットが増えていきます。漬物も、経木《きょうぎ》※や竹の皮で包むのではなく、ポリエチレンの小袋による販売が主流に。**漬物は家で漬けるのではなくスーパーで買うものとして定着することで、漬物業界は発展していったのです。**

深谷の漬物は、練馬大根が都市化により産地移動してきたことで、たくあん作りが盛んになった。写真は、大根の天日干しをする昭和30年代の漬物生産風景。
写真提供：深谷市役所商工振興課

昭和25年ごろの漬物屋の店舗の様子。
写真提供：八幡漬物

「きゅうりのキューちゃん」の初代パッケージ。ポリエチレン小袋の開発は、漬物業界における革命だった。
写真提供:東海漬物

※経木＝木材から製造する薄い木片。弁当の折箱や菓子箱など簡易包装容器などに使用。

漬物の今とこれから

健康食材としての価値が見直されている。安心と伝統食の存続を両立することが課題

漬物の価値が見直されているのです。また、**健康志向のニーズに応え、低塩、適塩へと、漬物の傾向も変化しています。**

近ごろの漬物には「ごはんのお供」を超えた展開も。いぶりがっこを使ったタルタルソースや、菜っ葉の漬物を使ったパスタなど、漬物が料理の材料に使われる機会が増えています。手軽に野菜をとれてうま味も強い漬物は、調味料にもなる食材として重宝されているのです。

生の野菜をとれる調味食としても人気

昭和の終わりごろから日本は好景気を実感する、いわゆるバブル期を迎え、グルメ志向が高まりました。その後現在にかけては、ヘルシー志向へとシフトしています。

健康的な食生活に欠かせない食材といえば野菜。ただし、野菜の栄養分には火を通すと損なわれるものも多く、生のまま野菜の栄養をしっかりとれる食べ物として、

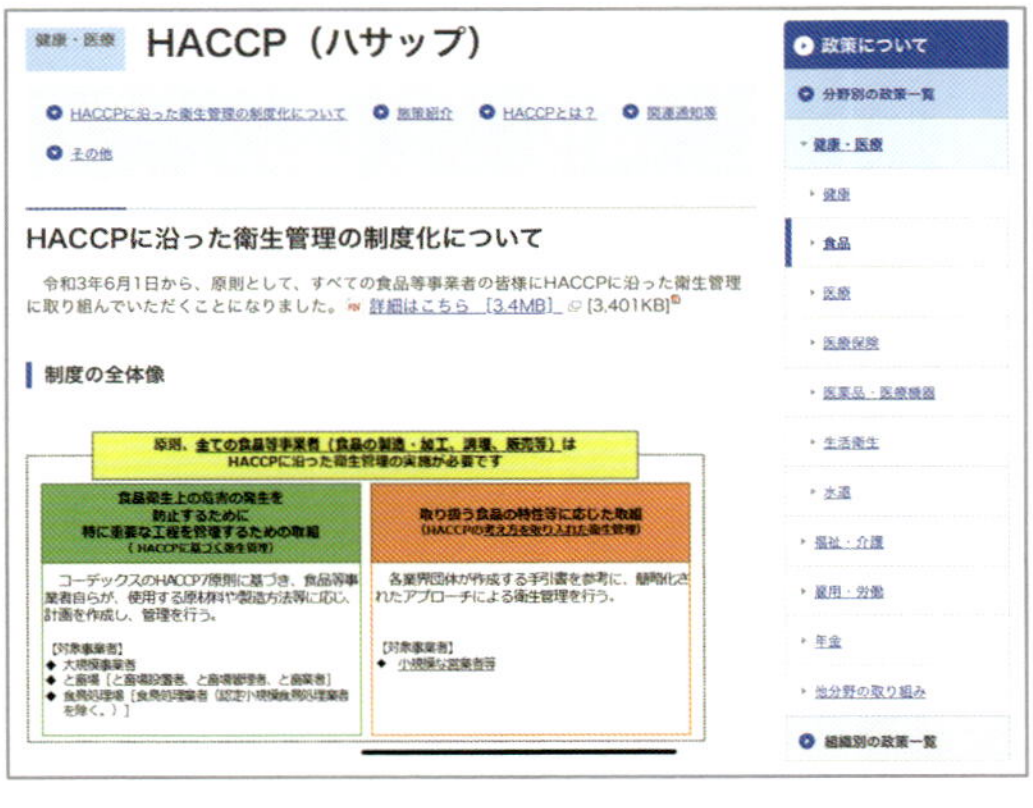

健康・医療
HACCP（ハサップ）
HACCPに沿った衛生管理の制度化について
施策紹介
HACCPとは？
関連通知等
その他
HACCPに沿った衛生管理の制度化について
令和3年6月1日から、原則として、すべての食品等事業者の皆様にHACCPに沿った衛生管理に取り組んでいただくことになりました。詳細はこちら［3.4MB］[3,401KB]
制度の全体像
原則、全ての食品等事業者（食品の製造・加工、調理、販売等）は HACCPに沿った衛生管理の実施が必要です
食品衛生上の危害の発生を防止するために特に重要な工程を管理するための取組（HACCPに基づく衛生管理）
コーデックスのHACCP7原則に基づき、食品等事業者自らが、使用する原材料や製造方法等に応じ、計画を作成し、管理を行う。
【対象事業者】
◆ 大規模事業者
◆ と畜場［と畜場設置者、と畜場管理者、と畜業者］
◆ 食鳥処理場［食鳥処理業者（認定小規模食鳥処理業者を除く。）］
取り扱う食品の特性等に応じた取組（HACCPの考え方を取り入れた衛生管理）
各業界団体が作成する手引書を参考に、簡略化されたアプローチによる衛生管理を行う。
【対象事業者】
◆ 小規模な営業者等
政策について
分野別の政策一覧
健康・医療
健康
食品
医療
医療保険
医薬品・医療機器
生活衛生
水道
福祉・介護
雇用・労働
年金
他分野の取り組み
組織別の政策一覧

小規模な漬物店の中には、水道や冷蔵庫、包装の設備など、ＨＡＣＣＰ（ハサップ）に対応することが難しく廃業した店も。

出典：厚生労働省ＨＰ

ハサップに対応できず廃業する個人商店も

近年の漬物を取り巻く事情として、**2024年6月から完全実施されることになった「改定食品衛生法」も注目です。**この改定により、漬物製造において、国際的な食品衛生管理手法「HACCP（ハサップ）」に対応した加工施設を設置することが義務づけられました。漬物を製造、販売してきた農家や個人商店の中には、水道や冷蔵庫などの設備をハサップ対応に切り替えることが難しく、残念ながら廃業を決める店も多くありました。

「改定のおかげで今まで以上に安心して漬物を食べられる」という声がある一方、「保存食として活用されてきた漬物に、世界基準の衛生管理が必要なのか」「あのおばあちゃんの味が食べられなくなる」など意見もさまざま。

食の安心と、歴史あるご当地漬物の存続、この両立が求められています。

いぶりがっこを贅沢に使った「秋田で燻されたいぶりがっこタルタル」（久世福商店）。野菜のディップ、エビフライ、カキフライなどの料理にも最適。
写真提供：サンクゼール

漬物はヘルシーでうま味の強い調味食として、さまざまなレシピに活用されている。 写真提供：東海漬物

発酵仮面 小泉武夫が指南

作ってみよう③ 小松菜の野沢菜風漬物

手に入りにくい野沢菜の代わりに 軸の太い冬の小松菜を使って野沢菜漬け風に

〈材料〉

小松菜……1束
塩……小さじ2
昆布茶……大さじ1
鷹の爪……1本（お好みで）
水……カップ1/3

〈作り方〉

1 小松菜の根を切り落とし、軸の根元までよく洗って水をきる。
2 漬物容器またはチャック付き保存袋に1をそのまま入れる。
3 ボウルに水と塩、昆布茶、鷹の爪を輪切りにして入れ、よく混ぜて塩と昆布茶を溶かして漬け汁を作る。
4 2に3を投入し、手でよくもんで漬け汁をなじませ、重石をかけて3日ほど漬ける。
5 漬け上がったら、手でよく絞って刻んで出来上がり。

Point

野沢菜と小松菜は同じアブラナ科アブラナ属。小松菜の軸が太ければ太いほど、野沢菜漬けに近い漬け上がりに。

第4章

魚の漬物

四方を海に囲まれた日本では、魚やいか、海藻などの海の幸のほか、川や湖の恵みも漬物にしてきました。常温では数日で腐ってしまう魚介を数カ月から数年食べられる秘密は「発酵」にあります。

熟鮓《なれずし》の世界①

すしのルーツ⁉ 熟鮓の起源と日本伝来

中国南部で生まれ稲作とともに伝来した

日本人は野菜だけでなく、魚も漬物にしてきました。その一つが「熟鮓」です。**熟鮓は、塩漬けした魚介類に炊いた米を混ぜて重石で圧し、乳酸菌を主体とした微生物の力で発酵させた漬物です。**

熟鮓が誕生したのは、紀元前4世紀から3世紀の中国南部。中国の最古の字書『爾雅《じが》』に魚の塩蔵《えんぞう》品《ひん》を表す言葉として「鮓」の記述があるほど、古くから食べられてきました。

日本に伝わったのは、縄文時代晩期〜飛鳥時代といわれ、稲作の伝来とともに伝わってきたという説が濃厚です。中国南部から直接日本に渡ってきた、あるいはメコン川を伝ってラオス、タイ、カンボジア、ベトナムを経てきたという2つの道が考えられています。

これらのルート上では、今でも多様な熟鮓が食べられていることから、いずれか、あるいは両方のルートを伝播してきたことは間違いないでしょう。

熟鮓から押しずし、握りずしへと変化

日本に伝わった後、重石で圧するという、日本古来の漬物スタイルとして発展。また発祥の地では淡水魚が使われていましたが、日本では海水魚や貝も使うようになりました。

熟鮓を漬けているごはんは漬け床であり、長期間発酵すればドロドロになるため、食べるときは、ごはんを取って魚だけ食べていました。室町時代になると、**「半《はん》熟《な》**

れ」と呼ばれる、短期間で漬ける熟鮓が出てきます。これだとごはんが発酵しきってドロドロになる前に、**ごはんと魚を一緒に食べることができます。やがてこのスタイルが、「押しずし」へ発展します。**

さらに時代が進んで江戸時代、米酢が販売されるようになると、発酵を待たずにごはんに酢を振りかけて酸味を出し、魚介を重ねて握るすしが登場します。**現代のすしに通じるスタイルで、「早ずし」と呼ばれていました。**

熟鮓発祥の地は山岳地帯です。貴重な淡水魚を保存するための方法として誕生した熟鮓が、四方を海に囲まれた日本に伝わり、新鮮な魚介をおいしく食べる調理法として、また冬は海が荒れて漁に出られない地域の保存食として定着していったのです。

ふなの熟鮓（滋賀県）

さばの熟鮓（富山県）

あゆの熟鮓（岐阜県）

熟鮓のおいしさと健康効果

独特の酸味と発酵臭は やみつきになるおいしさ

熟鮓の特徴といえば、独特の発酵臭と強い酸味です。酸味の素は漬け床となっているごはん。ごはんが糖へと分解されて乳酸醗酵することで、独特の酸味が生まれます。そしてごはんが発酵していく間に、魚介のたんぱく質は自らの酵素で自らを分解。アミノ酸をつくり出し、えもいわれぬうま味を味わえるようになります。さらに**発酵の過程で有機酸やアルコールなどの香気《こうき》成分が発生。熟鮓独特の味と香りをまとうのです。**この発酵臭と酸味は好みが分かれますが、好きな人にとっては、他に替えがきかないおいしさです。

消化器系が強くなり 免疫力もアップ

熟鮓は健康効果の面でも優れています。まずは発酵微生物がさまざまなビタミンをつくり出してくれることで、不足しがちな**ビタミン類を補うことができます。**また、熟鮓に含まれる**乳酸菌や酪酸菌は、腸内環境を整える強い味方です。**

実際に琵琶湖周辺の市町で、ふなずしを長く食べてきた人を対象に、「ふなずしの保健的効果」について行われた調査では、「お通じがよくなる」「下痢体質だったのが改善した」「胃がスッキリする」「疲労回復が早い」「風邪をひきにくい、ひいても軽くすむ」といった回答が寄せられました。さばずしの調査でも同様の回答でした。

熟鮓は保存食としてだけでなく、健康になれる食べ物としても、大いに役立っているのです。

有機酸などの香気成分

発酵の過程で、有機酸やアルコールなどの香気成分もつくられる。魚特有の臭さが気にならないほど強い香りを放つ。

発酵による酸味

ごはんが乳酸発酵することで、強い酸味が出てくる。すしでも酢を使うのは、熟鮓の酸味を日本人が好んだからこそ。

アミノ酸によるうま味

魚介の酵素が、漬かっていく過程で自らを分解。アミノ酸をつくり出すことで、独特のうま味が醸成される。

熟鮓のおいしさと香り

熟鮓の健康・美容効果

疲労回復

熟鮓で使っているのは、ぶりやさば、あゆなどの高たんぱく質食材。筋肉量の低下防止や疲労回復に役立つ。

整腸効果

熟鮓に含まれる乳酸菌や酪酸菌は、腸内にすむ善玉菌の一種。食べることで善玉菌が活性化して、腸内環境を整えられる。

美肌・風邪予防

たくさんの発酵微生物がさまざまなビタミン類を含有、生産するため、非常にビタミン豊富。美肌や風邪予防に貢献する。

日本各地の熟鮓《なれずし》

魚だけを食べるもの、ごはんも食べるものがある

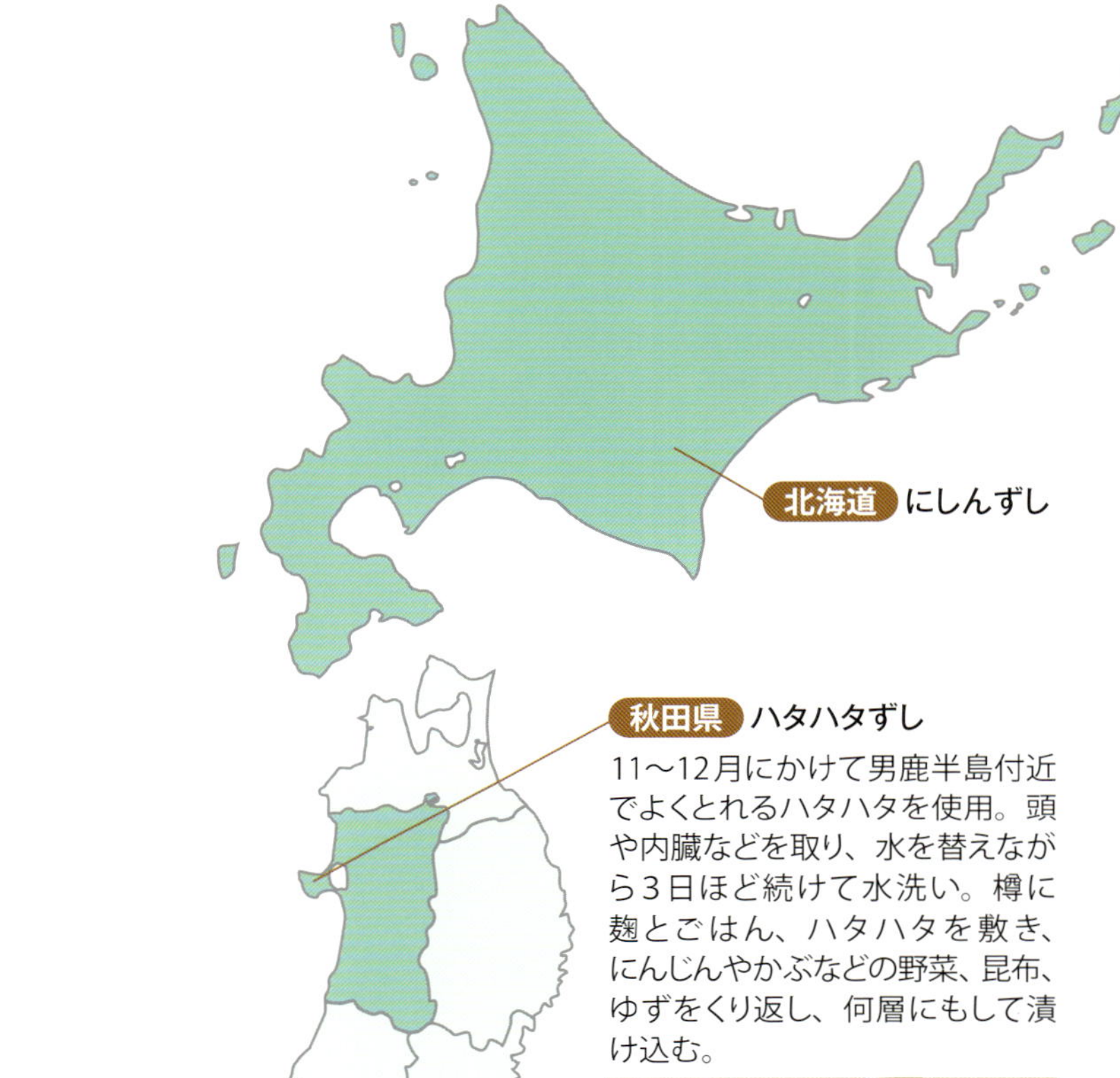

北海道 にしんずし

秋田県 ハタハタずし

11〜12月にかけて男鹿半島付近でよくとれるハタハタを使用。頭や内臓などを取り、水を替えながら3日ほど続けて水洗い。樽に麹とごはん、ハタハタを敷き、にんじんやかぶなどの野菜、昆布、ゆずをくり返し、何層にもして漬け込む。

滋賀県 ふなずし（写真）　あゆの熟鮓　めずし　さばの熟鮓　魚卵の熟鮓

ふなずしに使うふなは、子持ちが珍重される。卵巣以外のはらわたを取り出して塩を詰め、数カ月漬けたあと、ごはんとふな、水を入れた桶に重石をして本漬け。半年から、大型のふなの場合2、3年漬ける。

三重県 さばの熟鮓

奈良県 あゆの熟鮓

発酵期間が長い熟鮓は魚だけを食べる

熟鮓は日本海側を中心に、さまざまな種類のものがあります。日本海は古くから、大陸の文化が渡来する海の通路であり、熟鮓も食文化に根づきました。

熟鮓は、発酵度合いで大きく2種類に分けることができます。

一つは**長期間漬ける「本《ほん》熟鮓」**。熟鮓で使われるごはんは、漬け込む期間が長くなればなるほど発酵してドロドロになり、魚だけを食べるのが特徴。中には30年たっても食べられるものまであります。

もう一つは**数日から数週間と発酵期間を短くして漬け上げるもので、魚と一緒にごはんを食べます。**室町時代に生まれた文化で**「生《なま》熟鮓」「早《はや》熟鮓」**とも呼ばれます。

和歌山県のさばの熟鮓は、3～6カ月発酵させた「本《ほん》熟《な》れ」、これより発酵期間を短くした（40日ほど）「半《はん》熟《な》れ」、さらに2週間から1カ月以内の「生《なま》熟《な》れ」が作られています。同じ熟鮓でも、漬け込み期間によって別物の仕上がりになるのです。

富山県
さばの熟鮓
あゆの熟鮓
マスのすし
石川県
かぶらずし
福井県
あゆの熟鮓
さばの熟鮓
島根県
あゆの熟鮓

和歌山県 **さんまの熟鮓**（写真）
あゆの熟鮓　さばの熟鮓

さんまの熟鮓は、たっぷり塩をしたさんまを短くて1カ月、長いものは1年漬ける。その腹にごはんを詰めて、2週間から1カ月、発酵させて食べる。名人の手にかかると、20年、30年ものの本熟れとなり、コク深いおいしさに。

身と内臓を塩漬けにした「塩辛」

魚介の数だけ塩辛がある!?

塩辛は魚介を内臓と一緒に塩で漬けたもの。ごはんのお供として食されることもあれば、調味料代わりに使われることもあります。

最も有名なのは、いかの塩辛でしょう。使うのは新鮮ないか。いかと塩、腸汁を加えて混ぜ、3日ぐらいで食べられるようになります。塩を強くして1カ月以上発酵させると、風格ある味わいに。いかの腸を使った塩辛を「赤づくり」といい、これにいか墨を加えた塩辛は「黒づくり」。いかの塩辛としては、**富山県の「ほたるいかの塩辛」**も高い人気を誇ります。

ほかには、**かつおの内臓を塩漬けにした「酒盗《しゅとう》」**や、なまこの腸を塩漬けにした**「このわた」**、あゆの腸や卵を塩漬けにした**「うるか」**、さけの腎臓を塩辛にした**「めふん」**も有名。さらに「たこの塩辛」や「さざえの塩辛」、「かきの塩辛」など多様な塩辛があり、いずれもその土地の文化や歴史を感じさせてくれる一品です。

いかの塩辛によく使われるのは、まいかやするめいか。長期間発酵させるときは塩分を多めに作り、塩分控えめで作る場合は冷蔵保存が必要。

まだまだある魚介の漬物②

強烈なにおいの干物「くさや」

塩を節約したことで偶然誕生した

「くさや」は、伊豆諸島で作られる干物で、焼いたときに強いにおいを発するのが特徴です。

誕生したのは偶然からでした。伊豆七島はあじやとびうおの干物が名産でしたが、江戸時代は塩の取り立てが厳しく、干物に使う塩を確保できませんでした。そこで海水に浸しては干すことをくり返して塩分濃度を高めていましたが、あるとき干物に使っていた海水が発酵。「コリネバクテリウム」というくさや菌や酵母が働き、異様なにおいを持ちながらおいしい液体「くさや汁」に変わったのです。そこに魚を漬け込んで干物にしたところ、独特の香りとおいしさを持つ干物「くさや」として評判になりました。

現代でも、新鮮な魚をくさや汁に漬けてから天日干しにするという製法は昔と同じ。新島や伊豆大島、八丈島などで、あおむろやむろあじ、とびうおのくさやが作られています。

くさや汁にはうま味成分のほか、抗菌成分も豊富。汁を傷口につけると、治りが早いといわれている。

魚のぬか漬け「へしこ漬け」

ごはんが進む 北陸地方のごちそう

ぬか漬けといえばきゅうりや大根が一般的ですが、**魚をぬか漬けにする習慣も古くからありました。特に富山県、石川県、福井県の北陸地方では、さばやいわし、にしん、ふぐなどをぬか漬けにして食べてきた**歴史があり、**この地方では魚のぬか漬けのことを「へしこ」といいます。**

へしこの語源は「魚を樽に詰め込むことを『圧《へ》し込む』というから」という説や、「塩漬けで出てきた水分『干潮《ひしお》』からきた」などの説があるようです。

作り方は、魚の内臓と頭を捨てて塩漬けに。続いてぬかと塩に米のとぎ汁を入れて練ったぬか床に魚を入れ、重石をかけ漬けていきます。汁が上がってきたら取りながら、発酵、熟成、貯蔵しておき、食べるときは、ぬかを落として軽く焼きます。味はしょっぱめで熱々ごはんとの相性は最高。薄切りにして酢や酒、みりんに浸して食べるのもおすすめです。

いわしやさばなどの魚をぬか漬けにした「へしこ」。軽くあぶっておかずや酒の肴にするほか、お茶漬けやおにぎりの具にしても美味。

魚の漬物の副産物

魚の塩漬けからできる「魚醤《ぎょしょう》」

魚の強いうま味が溶け出した調味料

魚介類を塩漬けにすると魚が発酵し、液体が出てきます。大豆を発酵させてしょうゆができるように、**魚を発酵させてできるのが「魚醤」**です。魚醤には、**魚のたんぱく質が分解されてできたアミノ酸や核酸由来のうま味成分がたっぷり。**うま味が強い反面、魚の香りも強く、好き嫌いが分かれる調味料です。数滴入れるだけで料理の風味が変わるほど、強いインパクトがあります。

魚醤といえばタイの「ナンプラー」やベトナムの「ニョクマム」を思い浮かべる人も多いでしょう。しかし、四方を海に囲まれている日本では、昔から各地で魚醤を作ってきました。

秋田県の「しょっつる」、石川県の「いしる」、香川県の「いかなごしょうゆ」は日本三大魚醤として有名です。いずれも、地魚の刺し身のつけじょうゆや、郷土料理の味つけなど、今でも幅広く用いられています。

しょっつる

秋田県の魚醤。ハタハタやいわしを塩漬けして発酵させるもので、色が薄く、塩気が強いのが特徴。加熱すると上品な甘さが強くなり、これを使った「しょっつる鍋」は秋田の郷土料理。

いしる

原料は新鮮ないわしやさばで、石川県能登半島の、日本海側の外浦地区を中心に作られている。一方、富山湾に面した内浦地区では、似た名前の「いしり」が有名。こちらはいかの内臓を使った魚醤。

いかなごしょうゆ

いかなごを発酵させて作る魚醤で、強い塩気とうま味が特徴。香川県にはいかなごしょうゆを使う郷土料理がないことから、一時は消滅しかけたが、有志の呼びかけで生産が再開。「幻の魚醤」とも呼ばれている。

発酵仮面 小泉武夫が指南

作ってみよう❹ いかの塩辛

すぐに食べてもおいしい。時間をおいて熟成させると、うま味が増してさらにおいしい！

〈材料〉

するめいか……3杯
塩……適量

〈作り方〉

1 いかの胴は皮をむく。切り開いて内臓を取り出し、汚れを拭き取る。大切なわた(腸)は墨袋を取り除き、たっぷりの塩をまぶして冷蔵庫に入れて1日おく。
2 胴は両面に塩をしてから水分をよく拭き取り、冷蔵庫で一夜保存する。
3 冷蔵庫から出したわたと胴は、脱水シートに包んで冷蔵庫に入れ、一晩おく。冷蔵庫から出したら水分をよく拭き取る。
4 わたは切れ目を入れて、ドロドロとした中身を取り出す。胴はタテに3等分に切り、5〜7ミリ幅の細切りにする。
5 切ったいかとわたをよく和え、必ず冷凍し※、1日以上おいてから食べる。冷凍保存すると1カ月保存できる。

※食べる前に冷凍するのは、寄生虫のアニサキスを殺すため。必ず冷凍庫で24時間以上凍結すること。

Point

塩辛といっても、塩を多く加えて漬けるのではなく、適量で大丈夫。

第5章

全国漬物紀行

南北に細長く、四季のある日本では、その土地ならではの食材を使い、風土に根ざした独特の漬け床や漬け方を用いて、特色を生かした漬物を作ってきました。有名なものを見ていきましょう。

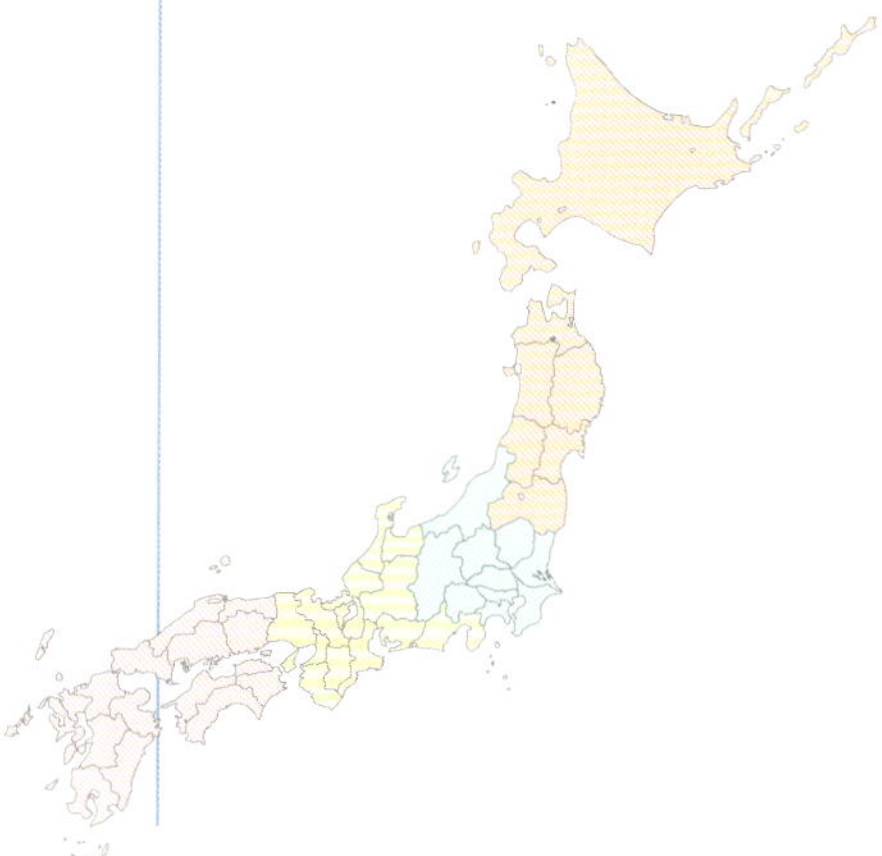

北海道・東北の漬物

厳しい冬を過ごすこの地方には、
漬物はなくてはならない保存食。
北海道は水産加工が発達しており、にしんや昆布、数の子など
水産物を使った漬物が多いのが特徴です。
東北は畑が豊かで、ぬかやみそなどの漬け床が豊富。
塩辛さを好む傾向もあり、伝統的に
さまざまな漬物が食べられてきました。

北海道

にしん漬け

にしんづけ

冬の保存食として重宝されてきた一品。身欠きにしんをあく抜きして、キャベツや大根、にんじんとともに、米麹と塩で漬け込みます。温度が上がると生臭くなるため、昔は屋外で保存し、野菜の水分が凍った、シャリシャリの食感も楽しんできました。

主な使用食材

身欠きにしん、キャベツ、大根

北海道

松前漬け

まつまえづけ

北海道の松前町（旧松前藩）発祥の漬物。するめ、昆布、数の子、にんじんなどを細く切り、みりんとしょうゆに漬けて作ります。昆布のぬめりと、するめの風味が調和した深い味わいが人気。北海道以外でも、おせち料理として楽しむ人が増えています。

主な使用食材

するめ、昆布、数の子

青森県

すしこ

すしこ

津軽地方の西北地域を中心に伝わる「ごはんの漬物」です。蒸したもち米に赤しそやきゅうり、キャベツなどの古漬けを混ぜ、乳酸発酵させて作ります。特徴はさわやかな酸味と、鮮やかな赤。地域によっては「赤寿司」「赤めし」と呼ばれてきました。

主な使用食材

もち米、赤しそ、きゅうり、キャベツ

岩手県

金婚漬け

きんこんづけ

白瓜のワタをくり抜いて、昆布で巻いたにんじんや大根を詰めたみそ漬け。名づけの理由は、まるごと1本の姿がナマコ（「キンコ」と呼ばれる）に似ているから、漬物床で時間がたつほどいい味になることから夫婦になぞらえた、などがいわれています。

写真提供： 金婚亭

主な使用食材

白瓜、昆布、にんじん、大根

宮城県

仙台長なす

せんだいながなす

仙台特産の長なすの塩漬け。仙台長なすは、皮が薄く身が厚い、漬物に適した伝統野菜です。色つやがよく、特に朝どれをすぐに漬けると、鮮やかな紫紺色に仕上がります。しょうゆや塩を使った、浅漬けや古漬けが、土産物にも人気です。

写真提供： 岡田食品工業

主な使用食材

仙台長なす

秋田県

いぶりがっこ

●いぶりがっこ

外に干すと凍ってしまう大根を囲炉裏の天井に吊るし、薪の煙でいぶして乾燥させました。その大根をぬか漬けにしたのが、いぶりがっこです。スモーキーな燻製の香りと、パリパリとした歯ごたえが特徴。クリームチーズやマヨネーズとも相性抜群です。

主な使用食材

大根

秋田県

なた漬け

●なたづけ

大根の麹漬け。なたでざっくりと乱切りにするのが名前の由来です。切り口がザクザクと粗くなるため、厚切りでも中まで麹の甘みがよくしみ込みます。塩で下漬けした後、麹やだし、焼酎などで本漬け。にんじんや菊の花を一緒に漬けることもあります。

主な使用食材

大根

秋田県

柿漬け

●かきづけ

秋田県は、大根の漬物のバリエーションが豊富。柿漬けもその一つで、仙北市角館町を中心に作られています。使うのは渋柿。大根と柿、塩、砂糖を1カ月ほど漬けると、塩漬けによって柿の渋みが上品な甘みに変化。おいしい大根漬けになります。

主な使用食材

大根、雲然柿（くもしかりがき）

山形県

おみ漬け

おみづけ

「山形青菜《せいさい》」という青菜や大根、にんじんなどを細かく刻み、しその実、塩、しょうゆ、みりん、焼酎を注いで10日ほど漬けて作ります。行商に来た近江商人が、捨てられていた青菜の葉先をもったいないと刻んで漬けた「近江漬け」が名前の由来といわれています。

主な使用食材
山形青菜、大根など

山形県

雪菜のふすべ漬け

ゆきなのふすべづけ

雪菜は、雪の中で育つ山形の伝統野菜。「ふすべ」は「サッと湯がく」という意味で、ゆがいた雪菜に塩を加えて密封して漬けます。独特の辛みが特徴ですが、空気に触れると数時間で飛んでしまうため、少量ずつ食べる分だけ取り出します。

主な使用食材
雪菜

福島県

三五八漬け

さごはちづけ

三五八とは、塩3、麹5、蒸し米8の割合の漬け床のこと。冬の間に漬け床を作り、夏に旬の野菜を浅漬けにするという食べ方で親しまれてきました。この漬け床と相性がいい食材は幅広く、なすやきゅうり、かぶなどの野菜のほか、魚や肉を漬ける人も増えています。

主な使用食材
なす、きゅうり、かぶ、にんじん、かつお、鶏肉など

関東・甲信越の漬物

四季の野菜が豊かな関東平野。
人口が多い東京ではべったら漬けや福神漬けなど、
比較的くせのない漬物が好まれ、銚子や野田など
醸造業が発達した千葉はしょうゆ漬けが多彩です。
新潟県は山あり海ありの特性を生かした漬物が、
長野県では冬の保存食として
菜漬けが盛んに作られてきました。

茨城県

紫錦梅《しきんばい》

梅の名所、茨城県水戸の偕楽園が発祥の地。梅干しや梅酒にならない形の悪い梅を木づちで叩き割り種を取り出した実を、塩と赤しそで漬けたもの。梅雨明けに作り、夏を越すころには食べられます。1年ほどおくと、鮮やかな紫紅色に仕上がります。

主な使用食材
梅、赤しそ

栃木県

たまり漬け《たまりづけ》

「たまり」はみそを作るときにできる上澄み液。そのたまりに、大根、らっきょうなど、日光山麓でとれた野菜を漬けたのが、名産「日光たまり漬け」。濃いカラメル色の古漬けが珍重され、ごはんのお供のほか、刻んでソースの隠し味などにも使われます。

主な使用食材
大根、きゅうり、らっきょう、にんじんなど

千葉県

鉄砲漬け《てっぽうづけ》

白瓜の中をくり抜いたところへ、しその葉で巻いた唐辛子を入れ、しょうゆやみりんに漬けたもの。瓜が鉄砲の筒、唐辛子が火薬のようだと「鉄砲漬け」の名がつきました。成田山新勝寺を訪れる人のもてなしとして誕生し、今もお土産として人気です。

主な使用食材
白瓜、唐辛子、しその葉

東京都

べったら漬け《べったらづけ》

皮をむいた大根を、麹と砂糖で漬けた漬物。誕生した当時の原料は秋大根。たくあんに先駆けて作られ、フレッシュな歯ごたえや風味が好まれました。甘い漬物はお茶と相性がよい点も、江戸っ子たちに愛された理由でしょう。今は一年を通じて食べられています。

主な使用食材
大根

東京都

福神漬け《ふくじんづけ》

発祥は東京の下谷。近くに不忍池の弁財天があり、7種の材料を使っていたことが名前の由来。現在は、大根、なす、きゅうり、なたまめなど11種類から5種類を使い、しょうゆ主体の調味液に漬ければ「福神漬け」をうたえるとJAS法で規定されています。

主な使用食材
大根、なす、きゅうり、れんこん、なたまめなど

神奈川県

さくらの花漬け

さくらのはなづけ

桜の花漬けの産地は、神奈川県の小田原から静岡県伊東市にかけて。7〜8分咲きの桜の花を摘み取って塩漬けにした後、甘酢に漬けて乾燥。塩をまぶして保存します。桜湯のほか、スイーツとも相性抜群。桜を漬けた後のピンク色の酢は、桜大根にも使えます。

主な使用食材

桜の花

新潟県

山海漬け

さんかいづけ

数の子と、塩漬けにした野菜を酒かすに漬けた漬物。海のものと山のもの、両方が入っていることから名づけられました。新潟は北前船の寄港地として海産物が豊富だった歴史を持ち、良質な野菜や銘酒の生産地。そんな新潟の名産品が詰まった一品といえます。

写真提供：三幸

主な使用食材

数の子、大根、きゅうり

山梨県

あわびの煮貝

あわびのにがい

駿河湾産のあわびを、しょうゆ主体の煮汁で煮て、そのまま漬け込んだもの。非常に高価で、土産や贈答品として重宝されています。発祥については、江戸時代、駿河湾のあわびをしょうゆ漬けにして運んだところ運搬中に発酵が進んだという説が濃厚です。

主な使用食材

あわび

長野県

野沢菜漬け

のざわなづけ

寒さの厳しい信州で、冬の保存食として重宝されてきました。野沢菜は霜が当たると甘くなるため、収穫は霜が降りる11月ごろ。温泉の湯船で野沢菜を洗う「お菜洗い」をして、薄塩で漬け込みます。浅漬け、古漬け、しょうゆ漬けなど、バリエーション豊富です。

主な使用食材

野沢菜

長野県

すんき漬け

すんきづけ

木曽御岳山麓で作られる、赤かぶの葉の漬物。乳酸発酵だけで腐敗菌を抑え、塩を使わないのが特徴。湯通しした赤かぶの葉に、前年に漬けたすんき漬けを「漬け種」として加え、40℃のゆで汁を注いで漬けます。そのまま食べたり、そばの具材にも使われます。

主な使用食材

赤かぶの葉

長野県

山ごぼう漬け

やまごぼうづけ

山ごぼう（モリアザミ）やごぼうの細い根を漬けたものです。まずはごぼうをアク抜きして塩漬けに。このとき梅酢を加えて、変色を防ぎます。その後、熟成した信州みそで本漬け。パリパリの食感と、程よく残ったアクの苦味が美味です。

主な使用食材

山ごぼう（モリアザミ）

北陸・東海の漬物

北陸・東海地方の漬物は変化に富んでいます。
日本海に面した北陸地方は、魚を使った漬物が多いのが特徴。
内陸の飛騨高山地方は、季節ごとの野菜を合わせて
塩漬けにする「品漬け」が有名です。
東海地方には、きれいな水や肥沃な大地で作られる
特産物を、塩漬けやかす漬けにした
漬物が多く見られます。

富山県・石川県・福井県

こんか漬け・へしこ

こんかづけ・へしこ

富山県や石川県では「こんか漬け」、福井県では「へしこ」と呼ばれる魚のぬか漬け。北陸の海でとれたさばやいわしなどを、塩漬けにしてからぬかに漬けます。ぬかを落としてから軽く焼いてもよし、そのまま薄切りにして酢やみりんをつけても絶品です。

写真は福井県のへしこ

主な使用食材

さば、いわしなど

富山県・石川県

かぶらずし

かぶらずし

青丸首の大かぶを1センチ厚さに切り、塩漬けのぶりを挟んで麹に漬けた発酵漬物です。大根とにしんで作る大根ずしもあり、一説によると身分の高い者はかぶらずしを、庶民は大根ずしを食べたとも。現代では、正月の祝い料理としても親しまれています。

写真は石川県のかぶらずし

主な使用食材

ぶり、青かぶ

石川県

ひねずし

ひねずし

塩漬けした魚をごはんとともに漬けて発酵させる「熟鮓《なれずし》」の一種で、深いうま味と爽やかな酸味が味わえます。かつては、あゆやうぐいなどの川魚が用いられましたが、現在はあじやさばなどの魚介が主流。夏祭りのごちそうとして振る舞われます。

写真提供：「能登の里山里海」世界農業遺産活用実行委員会

主な使用食材

あじ、さばなど、米

福井県

小鯛の笹漬け

こだいのささづけ

福井県若狭小浜の名産。材料は、日本海の荒波で育った身のしまった小鯛。三枚に下ろして薄塩と酢で漬け、小さな樽に笹の葉を添えて詰めます。小鯛の上品な甘みが、淡い塩味と融合。そのままはもちろん、サラダやカルパッチョにもよく合います。

主な使用食材

れんこ鯛

福井県

すこ

すこ

福井県大野市の九頭竜川付近で食べられてきた、八つ頭の茎の部分を使った酢漬け。皮をむいて塩漬け、から炒りしたあと、甘酢で1週間ほど漬けます。浄土真宗最大の法要である報恩講に振る舞う精進料理の一つで、報恩講や祭りの定番料理です。

主な使用食材

八つ頭の茎（赤ずいき）

岐阜県

煮たくもじ《にたくもじ》

冬に備えて準備した漬物も、春には発酵が進んで酸っぱくなります。これを捨てるのではなく、塩抜きして煮て食べるのが「煮たくもじ」。飛騨地方では漬物のことを「くもじ」といい、それを煮ることが由来です。食べ物を大事にする心が詰まった一品です。

写真提供：岐阜県 農政部

主な使用食材

かぶの葉の漬物など

岐阜県

品漬け《しなづけ》

塩漬けにしておいた夏野菜のきゅうりやなす、みょうが、秋にとれたきのこ類などを刻み、赤かぶと一緒に漬ける飛騨地方の漬物です。赤かぶの皮に染まった色鮮やかな紅色が特徴。食材の種類が多く、一口ごとに違うおいしさを味わうことができます。

写真提供：うら田

主な使用食材

赤かぶ、きゅうり、なす、はつたけなど

静岡県

わさび漬け《わさびづけ》

伊豆の名産であるわさびの葉や茎、根を刻んでかす漬けにしたもの。もともとはぬか漬けとして食べられていたのを、江戸中期の商人が工夫を凝らし、かす漬けにたどり着いたといわれています。やがて東海道を行き交う人の土産物として、全国に広まりました。

主な使用食材

わさび

静岡県

水かけ菜の漬物

みずかけなのつけもの

水かけ菜は、御殿場市や富士宮市などで富士山の湧き水を利用して作られる伝統野菜。湧き水は年間通して水温13〜14℃を保っているため、厳冬期でも青々とした菜が育ちます。これを塩漬けにした漬物で、強めの塩気とあっさりした風味が特徴です。

主な使用食材
水かけ菜

愛知県

守口漬け

もりぐちづけ

長良川流域で作られる細長い「守口大根」を、酒かすとみりんかすを合わせた漬け床で漬けたもの。直径2、3センチに対して長さは1メートル以上あり、これを丸のままぐるぐる巻いて容器に入れた姿がユニーク。甘さとポリポリした歯切れのよさが特徴です。

主な使用食材
守口大根

愛知県

かりもり漬け

かりもりづけ

愛知県の伝統野菜「かりもり」は、白瓜の一種。漬物にしたときに歯ごたえがカリッとしていて、ごはんをもりもり食べられるのが、名前の由来といわれます。市販品はかす漬けが主流ですが、家庭で塩漬けやぬか漬けにする食材としても親しまれています。

写真提供：愛知県食育消費流通課『あいちの郷土料理レシピ50選』

主な使用食材
かりもり

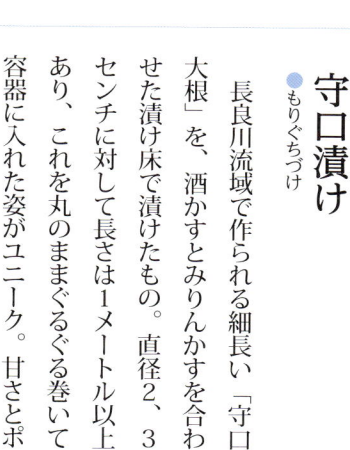

関西の漬物

関西は、古い歴史を持つ伝統的な漬物が多くあります。
京都府の「千枚漬け」や「しば漬け」、
奈良県の「奈良漬け」など歴史ある漬物が多彩。
一方、滋賀県には琵琶湖の特産品であるふなを使った
「ふな鮓《ずし》」があり、和歌山県は紀州梅の「梅干し」が。
いずれも地域を代表する漬物として
全国に名を馳せています。

三重県

伊勢たくあん

いせたくあん

江戸の後期から伊勢市の周辺で作られているたくあんです。使われているのは、たくあん作りのために作られている「御薗《みその》大根」。繊維質が豊富で歯ごたえがよく、漬けると美しい黄色になります。お伊勢参りの土産物として、全国にその名が知られました。

主な使用食材

御薗大根

滋賀県

ふな鮓

ふなずし

魚をごはんと共に漬けて発酵させる「熟鮓《なれずし》」の代表的漬物です。原料はニゴロブナで、産卵のために接岸したふなを捕獲。子持ちのものが珍重されます。塩漬けにしたあと、ごはんと共に本漬け。数カ月から数年かけて発酵させ、薄くスライスして食べます。

主な使用食材

ニゴロブナ、米

滋賀県

日野菜さくら漬け

ひのなさくらづけ

日野菜はかぶの一種で、大根状の根を持つ滋賀県の伝統野菜です。約500年前、蒲生貞秀《がもうさだひで》が発見したといわれていて、葉に近いほうが紫色、根に近づくほど白いのが特徴。これを酢漬けにしたのが日野菜さくら漬けで、美しいピンク色と独特の風味が人気です。

主な使用食材

日野菜

滋賀県

白菜のたたみ漬け

はくさいのたたみづけ

琵琶湖の湖北地方で作られてきた漬物です。白菜を1枚ずつ、塩を振りながら重ね、赤唐辛子や昆布とともに漬けます。姉川流域で作られたものは切っても崩れにくいといわれており、断面の美しさが特徴。正月や結婚式など、祝いの席に欠かせない一品です。

主な使用食材

白菜、赤唐辛子、昆布

京都府

千枚漬け

せんまいづけ

1個のかぶを千枚になるほど薄く切ることが名前の由来。使われるのは、滋賀県から京都府あたりで作られる京の伝統野菜、聖護院かぶ。皮をむいて薄く輪切りにし、薄塩で下漬けしてから甘酢に漬けます。上質の酢を使うことで、真っ白に漬け上がります。

主な使用食材

聖護院かぶ

京都府

しば漬け

しばづけ

きゅうりやなす、生姜、みょうが、赤しそなどを細切りにして塩漬けにしたものです。赤しそと差し水の梅酢による鮮やかな赤紫色が特徴。香りが非常に高く、使っている食材はきゅうりの比率が高いことから、シャキッとした歯ごたえが楽しめます。

主な使用食材

きゅうり、なす、生姜、みょうが、赤しそ

京都府

すぐき漬け

すぐきづけ

すぐきは「酸茎」と書き、かぶの一種であるスグキナが原料。この根と茎を「天秤重石」というテコの原理を応用した重石で強い圧をかけながら塩漬け発酵させます。40℃ほどの「室《むろ》」で発酵を進めるのが特徴で、独特の発酵臭がたまらない一品です。

主な使用食材

スグキナ

兵庫県

やたら漬け

やたらづけ

なすやきゅうり、野沢菜、大根などさまざまな季節の野菜をとれたときに塩漬けに。それを11月ごろ塩抜きして刻み、しょうゆや昆布を合わせた調味液に漬ける冬の保存食です。「やたら野菜を使い、やたらおいしい」が、名前の由来といわれています。

主な使用食材

なす、きゅうり、野沢菜、大根、しその実など

奈良県

奈良漬け

ならづけ

野菜のかす漬けで、原料には白瓜や守口大根が使われます。特徴は、酒かすを替えて複数回漬け込むこと。数年かけて漬けた古漬けは、黒光りするほど光沢が出て、味はとろりとまろやかに。奈良名物から全国区の漬物となり、今では日本中で漬けられています。

主な使用食材

白瓜、酒かす

和歌山県

紀ノ川漬け

きのかわづけ

紀の川は、奈良から紀伊水道へと紀伊半島を横断する川。その流域で栽培される、うま味と糖度が高い紀州大根を使ったたくあんです。フスマの漬け床に漬け込むのが特徴で、あっさり風味が美味。昭和37年ごろから関西地方を中心に、大人気を博しました。

主な使用食材

紀州大根、フスマ（小麦の外皮）

和歌山県

梅干し

うめぼし

江戸時代、紀州藩田辺領の南部《みなべ》では、竹や梅の生えている場所は免税地となることから、梅を植えることが推奨されていました。その後、品質のよい梅を研究し、皮が薄く果肉がやわらかい「南高梅」を確立。高品質な梅干しの里となっています。

主な使用食材

紀州梅

中国・四国・九州の漬物

中国地方は、太平洋と瀬戸内海に面し、山岳地帯もあることから、らっきょうや広島菜、するめいかなど山海の食材が豊富。
四国地方には、真っ赤な緋色が特徴の「緋の蕪漬け」があります。
九州地方は、いもの茎を使った「赤ど漬け」や大根の「壺漬け」など根菜を使った漬物が豊富です。

鳥取県

砂丘らっきょう漬け

さきゅうらっきょうづけ

鳥取市福部町などで作られる「砂丘らっきょう」が有名。その歴史は江戸時代、参勤交代で小石川薬園から持ち帰られたのがはじまりといわれています。夏は暑く、冬は雪に埋もれる過酷な環境でたくましく育った、太く締まった、シャキシャキの身が特徴です。

主な使用食材

砂丘らっきょう

鳥取県

するめの麹漬け

するめのこうじづけ

雪深い山間部で、保存食として重宝されてきた漬物。秋にとれたするめいかを海風で乾燥させ、刻んで麹に漬け込みます。塩漬け野菜も一緒に漬けることで、栄養価も彩りもアップ。いかは干したことで臭みが消え、漬けている間にほどよく柔らかくなります。

主な使用食材

するめいか

広島県

広島菜漬け

ひろしまなづけ

広島菜は京都から導入された野菜で、鮮やかな緑色と、シャリシャリした歯ごたえが特徴。これを塩で下漬けした後、米麹や昆布、唐辛子で本漬けします。そのまま食べてもおいしいですし、具を入れたおにぎりを広島菜漬けで包んでも絶品です。

写真提供：山豊

主な使用食材

広島菜

山口県

わかめのしょうゆ漬け

わかめのしょうゆづけ

わかめの産地である萩市などで、家庭料理として食べられてきました。わかめにしょうゆを加えてもみ込むと、アクが抜けてコクが深まります。このとき、みりんや酒を加えることも。漬けた直後から食べることができ、1週間ほど保存可能です。

主な使用食材

わかめ

山口県

寒漬

かんづけ

塩漬けにした大根を、寒風で干してはたたいて伸ばす、という作業をくり返した後、樽に入れて熟成。しんなりしたら薄切りにしてしょうゆやみりん、酢などを合わせた調味液に漬けるという、手間ひまをかけて作る漬物です。大根の凝縮したうま味を楽しめます。

写真提供：
カルティベイト 中尾崇子

主な使用食材

大根

愛媛県

緋の蕪漬け

ひのかぶらづけ

「緋のかぶ」という赤かぶをダイダイの果汁で漬け、果汁の酸性でさらに発色を促した漬物です。緋のかぶは、滋賀県日野城主だった蒲生忠知が松山城主に転じた際、持ち込み改良されたもの。蒲生氏の多くの任地に、日野菜系の赤かぶが根づいています。

主な使用食材

緋のかぶ、ダイダイ果汁

福岡県

瀬高の高菜漬け

せたかのたかなづけ

高菜は古くから食べられてきた野菜。明治時代に四川省から伝わった「青《せい》菜《さい》」と在来種を掛け合わせてできた「三池高菜」は、みやま市瀬高町の名産品。鼻にツンとくる辛みと歯ごたえのある肉厚な葉が漬物にぴったり。塩と唐辛子で漬け、刻んで食べます。

主な使用食材

高菜

熊本県

赤ど漬け

あかどづけ

阿蘇に伝わる伝統野菜「赤どいも」の茎を、塩と酢で漬けた漬物。漬け上がると鮮やかな赤色になり、シャキシャキの歯ごたえが楽しめます。生姜じょうゆにつけて食べることが多く、赤い見た目と食べ方から「畑の馬刺し」とも呼ばれています。

主な使用食材

赤どいもの茎

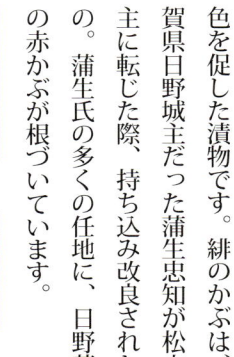

熊本県

豆腐のみそ漬け

とうふのみそづけ

水分をきった硬い豆腐を乾燥させ、甘めのみそに漬けたもの。五家荘地域などで作られてきた漬物で、平家の落ち武者が伝えたといわれています。薄くスライスして食べると、チーズのようなコク深い味わいで、パンとの相性も抜群です。

主な使用食材

木綿豆腐、みそ

鹿児島県

壷漬け

つぼづけ

薩摩半島南端の山川町が発祥の地で「山川《やまがわ》漬け」と呼ばれることも。干して乾燥させた大根を臼に入れ、海水を振りかけながらついて身を締め、壺に入れて塩漬けに。6カ月ほど発酵させたものを薄切りにします。市販品は調味液に漬けられたものが多いです。

主な使用食材

大根

鹿児島県

パパイヤ漬け

ぱぱいやづけ

奄美地方や沖縄県の漬物。パパイヤを塩漬けにしてから、みそやしょうゆなどに漬けます。パリパリとした果肉の食感が特徴。鶏肉やしいたけ、錦糸卵などをごはんにのせて鶏ガラスープをかけて食べる奄美地方の郷土料理「鶏飯《けいはん》」の具としてもおなじみです。

主な使用食材

パパイヤ

ユニークな漬物①

発酵漬けで毒抜きする「ふぐの卵巣のぬか漬け」

ぬか床の微生物がふぐの毒を消す！

石川県には、ここでしか作ることのできない、奇跡のぬか漬けがあります。それは「ふぐの卵巣のぬか漬け」。ご存じの通り、ふぐの卵巣には猛毒「テトロドトキシン」があり、毒性は15人分の致死量に相当するほど強力です。

そんなふぐの卵巣を、1年ほど塩漬けにした後、いわしの塩蔵汁《えんぞうじる》と麹を加えたぬかに2～3年漬けます。すると、ぬかみそ1グラム中に10億個以上生息するという発酵微生物が、テトロドトキシンを分解。毒がきれいに抜け、卵巣のうま味とコクを楽しめる、おいしいぬか漬けになるのです。

毒抜きのメカニズムが科学的に解明されていないことから、販売は石川県の許可を受けた製造会社に限られています。これを食べて食中毒を起こした例は皆無。金沢名物として土産物店で売られているほか、取り寄せもできます。酒の肴にもおかずにも合い、お茶漬けにしても絶品です。

石川県

ユニークな漬物②

植物だけで作る「あけびとやまぶどうの熟鮓《なれずし》」

青森県

雪深い山中の貴重なビタミン源

「熟鮓」には、魚以外の食材を漬けるものもあります。その一つが、青森県弘前市近郊の村で作られてきた「あけびとやまぶどうの熟鮓」です。材料は、熟したあけびとやまぶどう、餅米。炊いた餅米に、やまぶどうと砂糖、塩を加えて混ぜ、これをあけびの皮に詰めます。余った餅米ごはんを、漬け樽の底に敷き詰め、あけびを重ねて並べ、一番上に餅米ごはんを乗せます。その上に、ふたと重石を乗せ、発酵させていきます。

秋に漬け込んで、食べ始めるのは正月ごろ。発酵作用であけびの苦みやえぐみは消滅。爽やかな酸味と甘み、アルコールのかぐわしいにおいが香る、鮮やかな赤紫色の熟鮓に仕上がるのです。

あけびの熟鮓は、塩をほとんど使っていないにもかかわらず、乳酸発酵により変質や腐敗がありません。また、ビタミン類が豊富なのも特徴。雪深い、厳しい冬を乗り切る知恵が詰まった一品です。

写真提供：Naturology House（ナチュロロジーハウス）

和製アンチョビで大根を漬ける「なまぐさこうこ」

新潟県角田浜《かくだはま》地区の伝承家庭料理

「なまぐさこうこ」は、新潟県新潟市西蒲区角田浜地区で作られてきた伝承家庭料理で、いわしの漬け床に、大根を漬けた漬物です。

春にとれたいわしを塩漬けにしておくと、大根を収穫する12月ごろに、いわしが溶けて塩辛状の「しょっからいわし」に。これを火にかけてさらにドロドロに溶かしたものを濾《こ》して、大根を詰めた樽へ注ぎます。重石をして1カ月で完成。薄くスライスしてそのままいただきます。

「なまぐさこうこ」の中には、しょっからいわしを作るのに3年、大根はしんなりするまで1カ月干し、大根を漬けてから2年おくものもあるそう。5年ものは焼いて食べるのがおすすめ。スライスした「なまぐさこうこ」を焼くと、大根なのにいわしの丸干しの味と香りになります。いわしがとれてから、「なまぐさこうこ」になるには5年の歳月を要する、究極のスローフードといえるでしょう。

ユニークな漬物④

東洋のチーズと称される沖縄の「豆腐よう」

沖縄の気候に合うよう工夫を凝らして進化

「豆腐よう」は沖縄で食べられている豆腐の漬物。豆腐に麹をつけて塩水で発酵させる中国料理の「腐乳《ふにゅう》」が伝わったのがはじまりといわれています。ただし、沖縄の温暖な気候は腐乳作りには向いていなかったため、豆腐の代わりに水気を飛ばした「島豆腐」を使い、紅麹を泡盛に漬けてすり潰したものを漬け床として使うなど、工夫を凝らして作り上げました。

漬ける期間は6カ月ほど。紅麹から出てきた酵素の働きでうま味が増し、熟成が進んでマイルドに。見た目は美しい紅色で、絹豆腐よりもトロッとしているのが特徴です。味は濃厚なチーズのようで、泡盛の味も感じられ、「濃厚なうにのよう」と表現する人もいます。漬け床に泡盛も入っているため、アルコール度数は平均9％と、食べ物としては高め。箸の先に取り、泡盛の肴としてチビリチビリと食べる人が多く、ビールやワインの肴としても好まれています。

写真提供：沖縄観光コンベンションビューロー

発酵仮面 小泉武夫が指南

作ってみよう❺ らっきょうの甘酢漬け

シャッキリした歯切れのよさと
甘み、酸味、うま味のハーモニーを味わう

〈材料〉

らっきょう(皮付き)……500g
赤唐辛子……適量
A(漬け汁)
　米酢……180ml
　砂糖……120g
　塩……30g
　みりん……30ml

〈作り方〉

1　らっきょうは流水でもみ洗いし、薄皮を手でむき取る。
2　茎と根の部分を切り落とす。再び水洗いし、水けをよくきる。
3　容器にAの漬け汁を作り、2のらっきょうと赤唐辛子を入れる。漬けてから、3〜5日で食べられる。

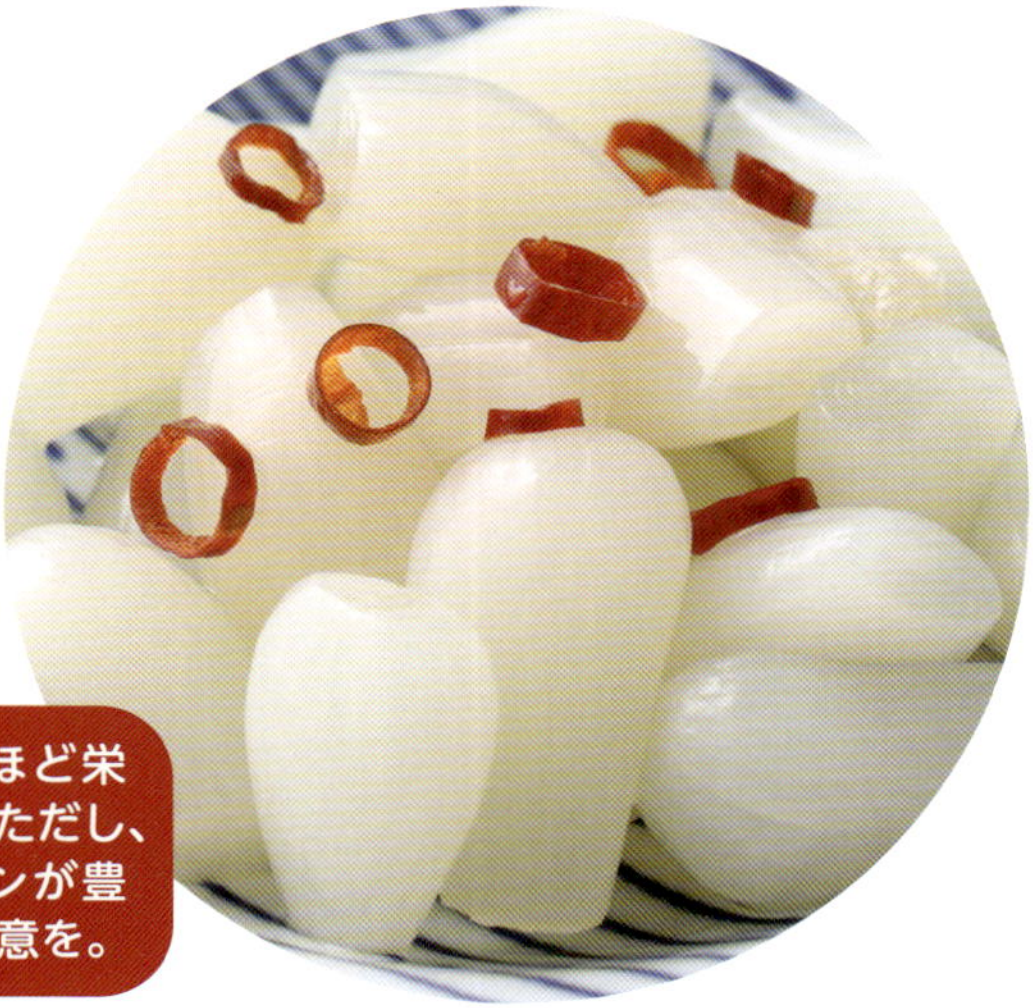

Point

「畑の薬」ともいわれるほど栄養価の高いらっきょう。ただし、にんにくと同じアリシンが豊富なので食べすぎには注意を。

第6章

漬物面白話

漬物の神社がある⁉　漬物を「お新香」と呼ぶのはなぜ？　たくあんと沢庵和尚の関係は……など、漬物にまつわる面白話や豆知識を集めました。これで、漬物雑学王になれること間違いなし。

日本で唯一の漬物神社

供え物で漬物ができたことから漬物神社に

神様の思し召しで不思議なおいしさに⁉

愛知県名古屋市の中心から少し離れたあま市にある**「萱津神社《かやつじんじゃ》」は、全国で唯一の漬物の神社です。**古伝によれば「阿波手《あわで》の杜《もり》」と呼ばれ、和歌の歌枕として詠まれてきたという歴史があります。

この土地は、かつて海に面していて藻塩《もしお》が作られていました。また、肥沃《ひよく》な尾張《おわり》平野では、野菜も豊富にとれ、土地の人々が藻塩と瓜、なす、蓼《たで》を供えて五穀豊穣を祈ってきたのです。

ところが供え物の量が多く、腐ってしまうこともありました。これを惜しんだ里人が、社殿の傍にかめを置き、供え物をその中に入れたところ、程よい塩漬けになったそうです。雨露《あめつゆ》にあたっても変わらない不思議な味は神様からの賜り物と、お守りとして大事にしたといわれています。

また『世界大百科事典』（平凡社）によると、瓜やなすを扱っている商売人が供え物を怠ってここを通ろうとすると、荷が重くなっ

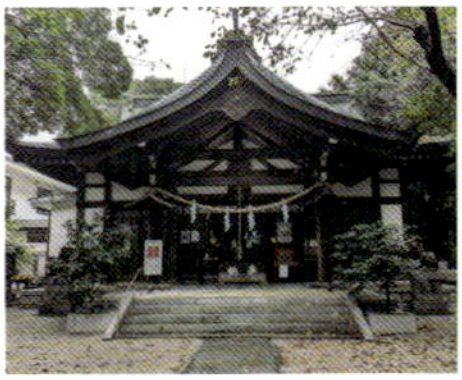

うっそうとした木立に囲まれた萱津神社。鳥居の傍には「香の物祭」のしるべが。上の写真は社殿。
写真提供：萱津神社

※萱津神社　愛知県あま市上萱津車屋19　☎052-444-3019

江戸後期に刊行された、東海道沿いの名所、特産物などが描かれた『東海道名所図会』（小泉吉永所蔵）内の萱津神社の様子。
出典：国書データベース，https://doi.org/10.20730/100311689

て動けなくなったという伝説もあるそうです。

さらに、日本武尊《やまとたけるのみこと》が東征の際に立ち寄って漬物を賞味したところ「藪《やぶ》に神《こう》の物《もの》」とのたまったという言い伝えも。この故事《こじ》にちなんで、日本武尊が熱田神宮に祀《まつ》られた後、**熱田神宮の祭典には、萱津神社の漬物が特殊神饌《しんせん》として献進され続けてきました。**

熱田神宮に奉納する漬物を漬ける神事を斎行

萱津神社では、毎年8月21日に奉納された野菜と塩を使って、**漬け込み神事を行う「香《こう》の物祭《ものまつり》（漬物祭）」を斎行しています。**野菜の収穫時期でもあり、塩が一番作りやすい季節であったことから、8月21日に行われてきたと考えられています。

今でも全国の漬物業者から奉納があり、漬物の神様を祀る祭は、全国で唯一の漬物の祭礼。奉納された漬物がお手頃価格で即売されることもあり、毎年大勢のファンが訪れます。

毎年8月21日に行われる香の物祭では、野菜や塩を奉納。漬け込み神事が行われる。
写真提供：萱津神社

「香《こう》の物《もの》」「お新香」「がっこ」と呼ぶわけ

「香の物」のはじまりは大根のみそ漬け!?

漬物には、「香の物」「お新香」「おこうこ」など、さまざまな呼び方があります。また、漬物のバリエーションが豊富な秋田県では、「がっこ」とも呼ばれます。なぜこれらのように呼ばれているのか、ひもといていきましょう。

まず注目なのは、「香」という字が使われていることです。「第3章漬物の歴史」でも触れたように（62ページ参照）、室町時代の足利八代将軍の頃に香道《こうどう》が大流行。香木の香りを嗅ぎ分けて楽しむ「聞香《もんこう》」が盛んに行われます。このとき、鼻をリフレッシュさせるために大根や瓜の漬物が使われたそうです。**特に香り高いみそで漬けた大根を「香の物」と呼ぶようになり、それがいつしか漬物全般を指す言葉になりました。**

確かに魚や肉の漬物は「香の物」とは呼びませんし、「香香《こうこう》」＝「大根の漬物」としている辞書もありますから、「香の物」が大根のみそ漬けであったというのは納得です。

ちなみにもう一つ、前述の萱津《かやつ》神社の漬物が語源という説もあります。日本武尊《やまとたけるのみこと》が東国征伐に出かけた際、萱津神社に参詣して漬物を賞味。「藪に神《こう》の物《もの》」と称賛した「神の物」という言葉が、「香の物」に転じたともいわれています。

「お新香」は「香の物」から発展した言葉です。 漬物は本来、塩をきかせて保存性を高める食べ物でしたが、やがて薄塩でさっぱり食べる一夜漬けや浅漬けなどの「当座漬け」が登場します。これらを差別化するために生まれた言葉が

「お新香」です。それがやがて「香の物」と混ざり合い、漬物全般を指すようになっていったと考えられます。

がっこのはじまりは「香香」か「雅香」か……

一方、**秋田県の「がっこ」にも、さまざまな説があります。**

まずは漬物を指す「香香《こうこう》」→「こうこ」→「がうこ」→「がっこ」に変わっていったというもの。続いては「雅やかな香り」を表す「雅《が》香《こう》」からきているというもの。あるいは、古代韓国語で塩を表す「ガッ」が語源で「がっこ」=「塩の物」を表したという説も。どれが正解なのかは、はっきりしていません。いずれにしても、秋田県では昔から、漬物が食生活に欠かせない一品であったことは間違いありません。

たくあん漬けを作ったのは沢庵《たくあん》和尚《おしょう》!?

羽州《うしゅう》での罪人生活でたくあん漬けが誕生!?

漬物の代表的存在であるたくあん。これを考案したのが、江戸時代の沢庵和尚といわれていますが、果たして本当でしょうか。

沢庵和尚は、天正元年（1573）現在の兵庫県豊岡市に生まれ、10歳で出家。やがて京都・大徳寺の住持に出世しますが、立身出世を求めなかった沢庵和尚は、野僧になるべく退山します。そのことから、名誉を求めない名僧として全国に知られていきました。

ところが寛永4年（1627）、朝廷と幕府の間で「紫衣《しえ》事件」が起きます。この事件で幕府に抗議した沢庵和尚は、羽州（現在の山形県）山ノ上に流罪となります。

たくあん漬けと深い関係があるといわれている沢庵和尚の肖像画。沢庵和尚の故郷の寺である宗鏡寺（すきょうじ）では、地元の子どもたちと共に沢庵和尚伝承の製法でたくあん漬けを作っている。
写真提供：宗鏡寺

山ノ上の冬は厳しく、乗り切るには秋野菜を貯蔵しなくてはなりません。そのため**沢庵和尚が、大根を塩とぬかで漬ける方法を編み出したといわれています。**あるいは、たくあん漬けの技法は中国にすでにあり、勉強家だった沢庵和尚がその方法を知っていたという説も。中国から渡来したたくあん漬けは塩辛いばかりだったのを、米ぬかに漬ける工夫をしたのが沢庵和尚ともいわれています。

たくあんの名付け親は三代将軍家光!?

やがて二代将軍秀忠の死による大赦《たいしゃ》※で江戸へ戻った沢庵和尚を、三代将軍家光は師として仰ぐようになります。そんなある日、家光が沢庵和尚に「近ごろ、何を食べても味がしない。おいしいものを食べたい」と求めたところ、沢庵和尚が食事に招待。ところが午前10時に約束したはずが、昼になっても沢庵和尚は現れません。午後3時ごろようやく出てきた沢庵和尚が差し出したのは大根漬け2切れとお湯を注いだごはん。空腹だった家光はこれを喜んで平らげ、沢庵和尚に「口が贅沢になっている」と説教されたという逸話が残っています。このことから、家光がその大根漬けを「たくあん漬け」と名付け、一般に蓄えさせたとも伝えられています。

どの説が正しいのか、逸話は実際にあったことなのかは定かではありませんが、**沢庵和尚がたくあん漬けの考案者、あるいはキーマンである可能性は高そうです。**

東京都品川区東海寺大山墓地にある沢庵和尚の墓。この墓石が漬物石に似ていることがたくあん漬けの由来という説もある。写真提供：(一社)しながわ観光協会

※大赦＝裁判で確定した刑罰の内容を、なくしたり軽くしたりすること。

たくあんは関東と関西では枚数が違う!?

二切れは関東で嫌われ関西で喜ばれる

おにぎりに添えられていたり、定食屋さんで出されるたくあん漬け。何切れあるか、意識したことはありますか? 実は住んでいる場所で、枚数は違っている可能性があります。

関東では、二切れが多いはず。これは**江戸時代、三切れは「身斬れ(切腹)」につながると武士に嫌われたため。**ちなみに一切れは「人を斬れ」、四切れは「世を斬れ」の意味を持つことからやはり嫌われ、二切れが主流に。今でも二切れなのは、その習慣の名残です。

一方、**関西では、三切れは三方(仏教における3つの宝、仏・法・僧)を連想させるため、縁起がいいと喜ばれました。**

飲食店によっては、「割り切れる数字は『別れ』を連想させ縁起が悪い。一切れでは少ないし、五切れでは多すぎるので、三切れがちょうどいい」という考え方もあるよう。たくあん漬けを出されたら、枚数を数えてみてください。

福神漬けの起源

福神漬けをさかのぼると精霊流しに行き着く⁉

お供えの野菜を再利用して漬物に

お盆には、きゅうりやなすをご先祖が乗る馬や牛に見立てて供え、最終日、精霊船に乗せて川に流す風習がありました。これが、福神漬けの元祖という説があります。

　カギとなる人物は、江戸時代初期、海運や治水事業で名をなした豪商、河村瑞軒《ずいけん》。江戸で一旗あげるという夢が破れ、故郷に帰ろうとしていた瑞軒は、精霊流しの野菜が、品川の海岸に打ち上げられているのを発見します。手持ちの旅費で人を雇って**野菜を拾い集め、塩漬けにして販売**。これが付近で工事をしていた人足に飛ぶように売れました。当時の普請場《ふしんば》※の食事は、ごはんと汁だけだったので、漬物が喜ばれたのだとか。これを機に瑞軒は土木工事の現場で仕事を任されるようになったのです。

　時が進み江戸後期、この「複数種類の野菜漬け」をヒントに、**上野池之端の茶屋の主人、野田清右《のだせい》衛門《えもん》が調味液を工夫。福神漬けが誕生したといわれています。**

※普請場＝土木工事や建築工事をしている所。

「きゅうりのキューちゃん」が市販漬物を変えた！

歌手の坂本九さんをCMに起用

きゅうりの漬物といえば東海漬物の人気商品「きゅうりのキューちゃん」を思い浮かべる人も多いでしょう。実はこの商品、市販漬物の概念を変えた革命児でした。

発売されたのは昭和37年（1962）。それまで市販の漬物は、野菜をまるごと樽で漬け、小売店では1本ずつ新聞紙にくるんで販売されていました。**そんな中、ポリエチレン系の小袋にパック詰めされた刻み漬けは衛生的で中身が見え、斬新だったのです。**漬物＝たくあん漬けかぬかみそ漬けだった時代、きゅうりとしょうゆ漬けという組み合わせも新鮮でした。

さらに「キューちゃん」という擬人化した親しみやすい商品名も、それまでにはないものでした。この名前は、消費者を招いてのグループインタビューから誕生したそう。CMには、当時大人気だった歌手の坂本九さんを起用。全国に知れ渡り、60年を超えて人々に愛され続けています。

「きゅうりのキューちゃん」の初代パッケージ（右）と、現在のパッケージ。時代に合わせて工夫を加えながら、60年以上愛されて続けている。写真提供：東海漬物

子どもの食と漬物

給食にポリポリおいしい「キムタクごはん」！

長野県塩尻市発 漬物を使った給食メニュー

子どもたちに積極的に漬物を食べてもらう取り組みも、実施されています。その一つが、給食に導入された「キムタクごはん」です。始めたのは、長野県塩尻市。伝統的に漬物文化が発達している地域ですが、子どもたちの漬物離れが進んでいました。

そこで、子どもたちに漬物をおいしく食べてもらいたいと、中学校の栄養士が「キムタクごはん」を考案。**「キムタクごはん」とは、キムチとたくあんを入れたチャーハンで、具にはベーコンも使われています。**

キムチやたくあんに含まれる乳酸菌には整腸効果があり、ベーコンはビタミンB群が豊富で栄養バランス抜群。酸味と甘みのバランスがちょうどよく、歯ごたえも楽しいと、子どもたちに大人気。今では給食だけでなく、市内の飲食店や市役所の食堂で提供されたり、混ぜごはんの素として販売されるほど、高い人気を博しています。

キムチとたくあんがたっぷり使われている「キムタクごはん」。
写真提供：学校給食用品メーカー協会

ごはんに混ぜるだけで簡単に作れる「キムタクごはんの素」も販売されている。発売：タイヨー

漬物にまつわることわざ

漬物褒めれば嬶《かか》褒める

昔は各家庭で漬物を漬けており、それをするのは主婦の仕事。「うちの漬物はおいしい」と自慢すると、自分の身内を褒めているのと同じことになる。身内を褒めすぎるのはよくないという意味。

漬物褒めれば親父が悋気《りんき》

よその家にお邪魔して出された漬物を褒めると、その家の奥さんを褒めることになり、亭主がやきもちを焼く。

ぬかみそ女房

長年連れ添い、世帯じみた女房のこと。あるいは、自分の妻をへりくだっていう言葉。

番茶梅干し医者いらず

梅干しを入れた番茶を飲めば(あるいは梅干しを食べて番茶を飲めば)、健康でいられる。

梅はその日の難逃れ

旅先で流行病や風土病にかからないためには、朝出かける前に梅干しを一つ食べるとよい。

たくあんの重石に茶袋

たくあん漬けを漬ける重石に茶袋を用いても、何の役にも立たないことから、手応えや効果がないこと。

糟《そう》糠《こう》の妻

「糟糠」とは酒かすや米ぬかのこと。若く、貧しい食事しか食べられない時代から、苦労を共にした妻のこと。

閻《えん》魔《ま》が塩辛を嘗《な》めたよう

にがむしをかみつぶしたような、むずかしい顔のたとえ。「閻魔が抹香を嘗めたよう」ともいう。

色で惑わす浅漬けなす

漬物桶から浅漬けのなすを出すと、美しい紺色をしている。その色に誘われて食欲が出ることから、女性の美しさに惹かれて好きになること。

熟《な》れてのちは薄塩

漬物はまず濃い塩で漬け、その後薄塩で漬け直すとおいしくできる。人間関係も、ある程度慣れたら、淡白な付き合いのほうがうまくいく。

漬物時は嫁逃げる

漬物を漬けるときは、嫁は逃げ出したくなるほど忙しい。

足を運んでみたい！

漬物のイベント・名所

香《こう》の物祭《ものまつり》（漬物祭）

（愛知県 萱津《かやつ》神社／8月21日）

愛知県にある漬物祖神・萱津神社で毎年8月21日に行われている祭で、あま市無形民俗文化財に登録されている。全国の漬物業者から漬物や野菜、塩が奉納され、漬物の生産と家業繁栄、諸病免除を祈る漬け込み神事が行われる。漬物殿に据えられたかめに野菜と塩を入れる「漬込神事」がメインイベント。前年漬け込んだ漬物のふるまいや販売もある。

写真提供：萱津神社

べったら市

（東京都 宝田恵比寿神社とその周辺／10月19、20日）

江戸時代中期から続いてきた市。当初は10月20日の恵比寿講にお供えする食べ物や、神棚などが売られる市だったが、ここで販売されるべったら漬けが評判に。第二次世界大戦の最中は中断を余儀なくされたが、昭和22年に再興。現在では露店400軒以上が並ぶ、一大イベントとなっている。

萱津神社香の物殿

（愛知県 萱津神社）

日本で唯一の漬物神社である萱津神社の中にある香の物殿。本殿の傍にある茶室のような建物で、屋根には漬物のかめが乗っていて正面には石造りの漬物樽と、しめ縄を巻いた漬物石が。この石をなでると、漬物上手になれるという。写真提供：萱津神社

沢庵和尚の墓

（東京都品川区 東海寺）

沢庵和尚が開祖である東海寺に、沢庵和尚の墓がある。たくあん漬けのネーミングは、この墓石が漬物石に似ているからでは、という説もある。

写真提供：（一社）しながわ観光協会

漬物グランプリ

（東京都 東京ビッグサイト／4月下旬）

2016年から行われている、全日本漬物協同組合連合会主催のイベント。漬物のレシピを広く募集し、優れた作品は表彰される。会場となる東京ビッグサイトには、期間中多くの来場者が訪れ、一般審査を行う。

写真提供：漬物グランプリ実行委員会

赤しそ法要

（京都府 寂光院《じゃっこういん》／7月初旬ごろ）

しば漬け発祥の地といわれる京都大原・寂光院で、赤しその最盛期を迎える7月初旬に行われる法要。今年とれた赤しそをお供えして、豊作と地域の繁栄、安全、健康を願う。

写真提供：大原観光保勝会

東京築地・吉岡屋

看板商品は奈良漬けとべったら漬け

昭和４年創業、間もなく創業１００周年を迎える「吉岡屋」。常時約３００種類の漬物を取り扱い、築地総本店、豊洲市場店での販売のほか、飲食店などへの卸売りを行っています。

「創業時から扱っている看板商品は、べったら漬けと奈良漬けです」

と教えてくれたのは、代表取締役の吉川絵美子さん。１年かけて４回漬け替えて作られる奈良漬けは、艶やかなべっ甲色と芳醇な香りが魅力。白瓜や守口大根のほか、すいかの奈良漬けも人気だそう。

「お寿司屋さんの若い板前さんや、カフェ、洋風居酒屋さんなどからもご注文いただいています。若い方たちが感性を生かして、漬物を意外な食材と組み合わせてくださるのは、とてもうれしいですね」

べったら漬けは皮付き、皮なし、

べっ甲色に艶めく名物の奈良漬け。すいかの奈良漬けはサクサクした歯ごたえが楽しめる。

吉岡屋 築地総本店（築地場外市場）
東京都中央区築地4-13-7
☎03-3541-3541
営業時間／5：00～14：00
休市日（主に水・日・祝日）は休業

べったら市にも出店。「吉岡屋のべったら漬け」をお目当てに足を運ぶファンも多い。

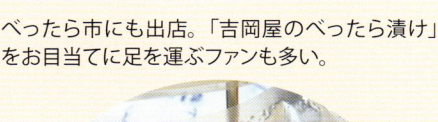

ゆず風味の3種類。

「皮付きを扱っていないお店も多いので、皮付きを買えるのは専門店ならではと思います。ゆず風味のべったら漬けは、築地本願寺カフェTsumugiさんの人気メニュー『18品の朝ごはん』にも採用いただいている、どなたでも食べやすい味。べったら漬け初心者の方にもおすすめですね」

お店で漬物選びに迷ったら、「お酒のおつまみとして食べたい」「お弁当に使いたい」などと相談を。希望に沿った漬物をすすめてもらえるほか、相性のいい食材もアドバイスしてもらえます。

「食べきれるか心配されるお客さまもいらっしゃるので、スパイスでの〝味変〟や料理素材としての活用など、おいしく食べきるアレンジ法もお伝えしています」

ちなみに、チーズやオリーブオイルと相性のいい漬物はとても多いそうです。

「漬物はそのままおかずになりますし、調味料代わりに使っても味が決まりやすいのが利点。ごはんのお供に限定せず、野菜を食べる方法の一つとして、身近に感じていただけたらうれしいです」

季節の野菜を使った浅漬けコーナー。「搾菜の浅漬け」など珍しいものも手に入る。

全国から集まった漬物がズラリ。パッケージを見ていると、旅行気分を味わえて楽しい!

産地や粒の大きさ、味つけなど、梅干しのバリエーションが豊富。外国人にも人気が高い。

代表取締役の吉川絵美子さん。「お店には、漬物を使ったレシピのアイデアもたくさん貼り出しています。ぜひ気軽に、いらしてください」

●監修者
小泉　武夫（こいずみ　たけお）
東京農業大学名誉教授。1943年、福島県の酒造家に生まれる。農学博士。専門は食文化論、発酵学、醸造学。現在、鹿児島大学、福島大学、宮城県立大学ほかの客員教授を務める。NPO法人発酵文化推進機構理事長、発酵食品ソムリエ講座「発酵の学校」校長など、食に関わるさまざまな活動を行う。著書は『発酵食品と戦争』ほか、150冊を超える。

● 第２章取材協力　宮尾 茂雄（みやお しげお）
東京家政大学大学院 客員教授 農学博士、全国漬物検査協会 会長、
全日本漬物協同組合連合会 常任顧問、漬物研究同志会 名誉会長

● 企画・編集・制作　スタジオパラム

● Director　清水信次
● Writer & Editor　及川愛子
小田慎一
島上絹子
● Camera　村井貴子
● Illustration　手塚由紀
● Design　スタジオパラム
● Special Thanks
農林水産省Webサイト、国立歴史民俗博物館、国立国会図書館デジタルコレクション、吉岡屋総本店、熱海 岸浅次郎商店、東海漬物、萱津神社、小田原屋漬物店、深谷市役所商工振興課、八幡漬物、サンクゼール、金婚亭、岡田食品工業、三幸、「能登の里山里海」世界農業遺産活用実行委員会、岐阜県　農政部、うら田、愛知県食育消費流通課『あいちの郷土料理レシピ50選』、山豊、カルティベイト 中尾崇子、Naturology House（ナチュロロジーハウス）、沖縄観光コンベンションビューロー、宗鏡寺、（一社）しながわ観光協会、学校給食用品メーカー協会、タイヨー、大原観光保勝会、漬物グランプリ実行委員会

日本の漬物のひみつ
多彩な進化と郷土の味を紐解く

2024年12月25日　第1版・第1刷発行

監修者　小泉　武夫（こいずみ　たけお）
協　力　全日本漬物協同組合連合会
（ぜんにほんつけものきょうどうくみあいれんごうかい）
発行者　株式会社メイツユニバーサルコンテンツ
代表者　大羽　孝志
〒102-0093 東京都千代田区平河町一丁目1-8
印　刷　株式会社厚徳社

◎『メイツ出版』は当社の商標です。

ご意見・ご感想はホームページから承っております。
ウェブサイト　https://www.mates-publishing.co.jp/

企画担当：堀明研斗